人口減社会の

資産運用

40代が知っておくべき、
今すぐできる未来の備え

YAMAKIDO KEIJI

山木戸 啓治

幻冬舎MC

人口減社会の資産運用

40代が知っておくべき、今すぐできる未来の備え

はじめに

　日本では、金利が失われてから20年以上がすぎました。

　安定成長期には、5％から6%の利回りで、マル優・特別マル優・郵貯マル優の非課税制度で、複利運用できた時代がありました。

　退職金を原資に、受け取ることのできる確定給付企業年金では、期間を定めない給付利率5.5％の固定金利で終身受給できました。

　このような安定成長期は過去のものとなり、経験したことのない人口減社会の進展から、社会的・経済的な課題が深刻化しています。

　人口減社会の進展で、国内需要が減少し、成長期待が小さくなるにつれて、日本を投資先として考える場合の魅力が低下しています。

　働き手を取り巻く環境は、テレワークやオンライン化などの仕事のデジタル化、ジョブ型雇用、リスキリングへと変わりました。

　緊張感のあるジョブ型雇用に近い発想で、従来以上に専門性が求められています。

　自らの得意とする分野であっても、課題を深掘りして判断力を鍛えることができるキャリアの選択を考えます。

　旧来の産業分野の仕事も常に変化し、高度化しています。

　会社に行けば自然と仕事を覚え、社員がキャリアアップしていくような、丁寧な対応が期待できた時代は、過去のものとなりました。

サラリーマン社会は大きく変化し、これまでの意識では、持続可能なゆとりあるシニアライフを実現できません。お金・暮らし方・働き方にまつわる危機に、どう対処していくかが課題となっています。

　中年期のライフサイクルに現れる危機と、課題を克服するための準備が重要となりました。

　中年期に現れる危機と、正しく向き合うことは、気づかないでいた自分の未知の姿と出会うことになります。

「今、やらなくてはいけないことは何か」、「将来にわたりやるべきことは何か」を明らかにする必要があります。

　岸田首相は、貯蓄から資産形成への移行を促し、個人の投資による資産所得の倍増を実現するとしています。

　人への投資の一環で、資産形成を支援し、企業価値向上の恩恵が、家計に及ぶ好循環を目指しています。

　私は、日本証券業協会の金融・証券インストラクターとして、投資の初心者向けに金融・証券教育支援活動の講師を務めました。最低限、身につけるべき金融知識、および金融経済事情の理解と、適切な金融商品の利用選択の普及活動に従事してまいりました。

そうした啓発活動から、これから我々を襲う、せまりくる危機へ
立ち向かう準備が不足していると感じました。

　これまで金融・証券インストラクターを務めた経験から、人口減
社会の資産運用について考察しました。

　人口減社会の危機に立ち向かう準備に、まさに、取り組もうと考
えているような人に、ぜひ、一緒に考えてもらいたいと思います。

目次

1章

中年期の危機

① 人生の午前に持っていた意識を転換する

　40歳になる頃には、人生の午前に持っていた意識を転換する必要があるのではないでしょうか。

　心理学者ユングは、図1のように人生を一日の太陽の動きにならって、水平線から昇り、軌道を描く太陽の動きにたとえました。

　ライフサイクルには、成人期から中年期への転換期があります。

　ユングは、この時期を人生の午前から人生の午後への転換期と考えました。中年期には、人生の午前に持っていた意識を転換する必要があるということです。人生の午後には、中年期に見合う働き方・暮らし方を見いだすために、組織の中で活動するために排除してきたものを見つめ直します。自分らしい自分を取り戻して、素の自分に戻ろうとする過程をたどることから、本来の素の自分が得意とする分野に気づきます。

　個人としての自分を取り戻して、素の自分に戻ることから、真の個性化は人生の午後に始まります。

　図1の正午に向かって、ぐんぐん光の強さを増していく午前の太陽と、午後の太陽とでは存在は同じでも、輝きは異なったものに見えます。ユングは、人生も午前と午後では、意味が違うのだといっています。

　真の個性化が始まる前に、これまでたどってきた人生行路がずっ

図 1　真の個性化は、中年期以降に始まる

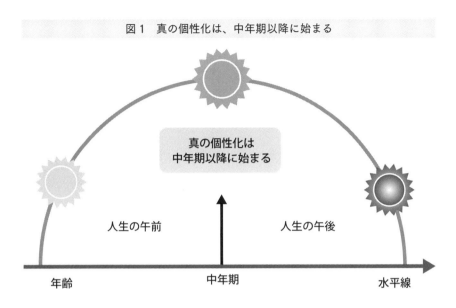

真の個性化は
中年期以降に始まる

人生の午前　　　　　　人生の午後

年齢　　　　　　　　　中年期　　　　　　　　水平線

（出典）C・G・ユング著 鎌田輝夫訳「総特集ユング 人生の転換期」p.50-52（『現代思想』第七巻第五号青土社 1979 年 4 月）
　　　および、河合隼雄著『ユング心理学入門』を参考に著者が作成

と続くわけではないと気づき、不安や焦りを感じる40歳ぐらいから
の過渡期があります。

　過渡期には、次の精神的な発達段階に進むために、これまで抱い
ていた価値意識や、人生の優先順位を転換し始めることになります。

　人生の午後を迎えた局面の変化に応じて、人生の午前とは異なる
目標を、感覚としても、設定せざるを得なくなります。

　素の自分を取り戻して、時間を忘れて没頭できる、自らがつちかっ
てきた得意とする分野を、どのように活かすかに集中できます。真
の個性化は、精神的な成長からもたらされ、自らを自己実現へと導

きます。

　自分らしい自分を取り入れた生き方を目指すことにより、主観的幸福度が上昇することから、自己実現の可能性は、人生の後半にあります。

② 鍛錬を重ね自分の得意な型を持つ

　中年期の危機を明らかにし、克服すべき課題を、どう乗り越えるのかを考えるべきではないでしょうか。

　もらった賃金に見合わない、付加価値を上回る賃金を受け取っている社員と、周囲から思われていないかが重要です。

　若年期は、意図的に低く抑えられた賃金水準が続きました。

　中年期は、働きと賃金のバランスが取れてきたので、過去に低く抑えられた分を、回収する時期がきたと考えてしまうことがあります。

　こうした意識は、目標をもって、未来を志向するためには危険なことです。

　AIなどの急速な進展がもたらす技術革新により、雇用環境に大きな変化が起こっています。

　現場で活躍し続けるためには、職務の遂行に必要な能力の変化に適応することが、雇用を守るために必要です。

　40歳前後を節目と意識し、経験を土台としつつ、必要なスキルアッ

プを、身につけようとする視点が生まれます。

　こうした視点に対応できるように、社員の自律を促し、仕事の柔軟性、自由度が高い、やらされ感の低い環境が必要です。

　企業内の人材の新陳代謝を目指す「40歳定年制」[注]の発想は、自律してスキルアップを実現する方法をはっきりさせる考え方です。

　安定成長社会では、均質な知識や行動を身につけて、指示された内容の仕事を、要求された品質で提供できる人材が重宝されました。

　人口減社会の進展で、国内需要が減少し、成長期待が小さくなる環境では、企業が求める人材が様変わりしています。

　AIやロボットの登場で、企業任せのキャリア形成から、キャリアを自らの力で切り開く能力が必要となっています。

　ジョブ型雇用では、より良い労働条件で働くために、自営業に通じる働き方である専門職化、技術職化が生じています。

　自営業的な専門職化、技術職化から生じる、企業から独立したものの見方や姿勢が、キャリア選択の自律への重要な役割を果たします。

　中年期には、いったん立ち止まって自分の能力や経験を、棚卸ししてみるべきです。

　会社人間というスーツを脱ぎ捨てて、使えないスキルを捨て去り、使えるスキルを見極めて自分の素の姿をみつけ出すことです。

注　東京大学大学院教授 柳川範之氏『日本成長戦略 40歳定年制』（さくら舎　2013年）の中で提案された発想

自分の持つ自然と感じる強みを活かせるのか、これまでの蓄積を役立たせることができるのかが課題となります。

　中年期の危機を乗り越えるには、自律して課題を克服する意味で、目標となる「山登りの道」を見いだします。

　目標となる「山登りの道」を見いだすことは、自分を活かすために能動的に専門性を高める生き方です。

　ベテランの生き残る道では、経験を土台に鍛錬を重ねて獲得した役割を、さらに深掘りして得意とする型に仕上げます。

　自らを活かすことのできる得意な分野では、時間を忘れて没頭していても、ストレスなく取り組めるものです。

　鍛錬を重ねた得意な分野でも、仕事のデジタル化が進む社会では、技術の進歩によって失業が発生する懸念が残ります。

　職業能力の競争力を低下させるリスクを軽減するために、必要とされるスキルの変化に適応します。鍛錬を重ね自然と感じる得意な型を持つことは、新たな負担の発生ではなく、不確実な時代を生き抜くための投資と考えます。

③　資産形成のための３つの投資を始める

　中年期以降に出現する脅威に向き合うために、持続可能なゆとりある暮らしに向けた３つの投資が必要です。

　1つ目は、経験を土台に鍛錬を重ねてはぐくんできた、自然と感じる得意とする分野を、デジタル化社会の働き方に適応させるための投資です。

　2つ目は、持続可能なゆとりある暮らしに向けた経済的資産への投資です。

　人口減社会が進展する環境では、ほとんどの人にとって、退職後に備えた資産を形成する必要があります。

　少子化で、働く世代が減少する社会では、人手不足により供給力が低下することで、インフレ要因になります。

　働く人よりも、支えられる人が多くなると、国全体にマイナスの負荷がかかり、日本を投資先として考える際の魅力が低下します。

　持続可能なゆとりある暮らしに向けた資産形成のために、貯蓄から世界への投資と、意識を転換すべきです。

　3つ目は、高齢になってからの孤独を避けるために、家族との良好な関係、地域社会での人間関係を築くための投資です。

　人生は、様々なリスクに満ちています。

　リスクを直視し、リスクをできる限り軽減するために、将来の自分の姿から逆算して、対策を練った投資が必要です。

　持続可能なゆとりある人生に向けて、いかに自分の持っている資産を活用するのかが、大きなポイントとなります。

ゆとりある人生には、心の豊かさという精神的資産、人とのつながりという人的資産、身体的・精神的・社会的健康という資産が必要です。

　そしてこれらの資産を形成していくためには、経済的資産を欠かすことはできません。

　将来に向けた資産形成を図るということは、これらの資産をトータルで、築き上げていくことではないでしょうか。

　人口減社会に現れる危機を乗り越えるために、３つの投資から人的資産と経済的資産を構築します。

2章

お金の不安

① 必要な老後資金とは

　いわゆる「老後資金2,000万円不足問題」、2019年金融庁金融審議会報告書「高齢社会における資産形成・管理」が大きな関心を呼びました。

　「高齢者世帯は、長寿リスクに備えるために退職金を含めた貯蓄全体を考慮しながら、貯蓄の取り崩しの範囲を決めて生活している。退職後は公的年金、および退職金を含めた現役時代の貯蓄でやりくりできている」という内容でした。

　ところが、報告書の「夫婦合計の年金収入のみでは、退職後の生活費をまかなうことができていない」という点に、注目が集まりました。

　夫婦合計の公的年金だけでは「退職後の生活費をまかなうことができない」というマスコミの報道につながりました。

　退職後の収入として「夫婦2人分の標準的な公的年金」と、退職後の支出で「65歳以上の夫婦のみの無職世帯の実支出」から退職後の家計収支を確認します。

事例　65歳以上の夫婦のみの世帯の実支出を、
退職後の生活費と想定して計算したケース

夫婦2人分の 標準的な年金月額	65歳以上夫婦のみの 無職世帯の実支出月額	月間不足額
224,482円	264,680円	40,198円

　厚生労働省が公表した令和5年度の夫の老齢厚生年金と夫婦2人分の老齢基礎年金を含む標準的な年金月額は224,482円です。夫が平均的収入（平均標準報酬［賞与含む月額換算］43.9万円）で40年間就業し、妻がその期間すべて専業主婦であった世帯の年金額です。

　主な収入が公的年金と考えられる「65歳以上の夫婦のみの無職世帯」の実支出は月額264,680円注です。

　夫婦2人分の標準的な公的年金収入を基準に、退職後の実支出を比べるとマイナスです。マイナス分を補うために、貯蓄を取り崩して生活費に上乗せした額は、月額約4万円と考えられます。このような経緯から「公的年金だけでは、退職後の老後生活費には足りない」というマスコミの報道につながったようです。

図2　退職後の家計収支のイメージ

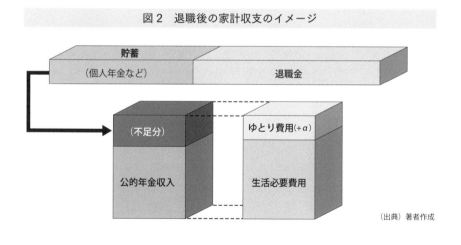

（出典）著者作成

注　総務省全国家計構造調査家計収支の結果 p.19 図3 を参照

退職後の無職世帯では、一般的には公的年金で日常の生活必要費用をまかなっています。

　17頁の図2で示したように公的年金収入のみでは、退職後の家計収支のゆとり費用まではまかないきれないのが実状です。

　ゆとりのための老後生活費は、退職金を含めた現役時代の貯蓄の取り崩しでまかなうのが一般的な姿となっています。

　「老後資金2,000万円不足問題」は、良くも悪くも多くの人に老後のための資産形成を考えるきっかけを作ったことは間違いありません。

② 退職後の生活費の不安について

　全国家計構造調査から、65歳以上の夫婦のみの無職世帯の実収入と実支出をみると、マスコミの報道とは違った傾向がみえてきます。

　図3のように、実収入263,744円と、実支出264,680円の差額から65歳以上の夫婦のみの無職世帯の月間収支は、差し引き936円の赤字です。

　収入の内訳をみますと、公的年金収入は239,058円で、実収入に占める割合は91％程度となっています。退職後の老後生活期間を30年間と仮定して、図3の不足額936円を基にすると、老後生活費の不足額は約40万円程度となります。

図3　65歳以上夫婦のみ無職世帯の実収入と実支出

実収入（1カ月当たり）	263,744 円
（内）公的年金	239,058 円
実支出（1カ月当たり）	264,680 円
（内）消費支出	234,695 円
（内）非消費支出	29,985 円
家計収支	-936 円

（出典）「2019 年全国家計構造調査 e-Stat 家計収支に関する結果」表番号 1−11 第 1 −11 表世帯区分 (4 区分)，高齢者世帯類型 (21 区分)，収支項目分類（細分類）別 1 世帯当たり 1 か月間の収入と支出−全国 EXCEL（総務省統計局）（https://www.e-stat.go.jp/stat-search/files?stat_infid=000032053930）を基に著者作成

65歳以上の夫婦のみの無職世帯の家計収支からみますと、退職後の老後生活費に大きな不安を抱く要素はありません。

　次に、全国家計構造調査の二人以上無職世帯の公的年金を含めた実収入、および非消費支出を含めた実支出から家計収支を把握します。

　二人以上の無職世帯の実収入および実支出のデータからも、先程ご紹介したマスコミの報道とは違った傾向がみえます。

　図4のように二人以上の無職世帯の月間家計収支は、実収入298,928円と、実支出283,013円の差額から差し引き15,915円の黒字です。

　収入の内訳をみますと、公的年金などの社会保障給付は月額212,626円で、実収入に占める割合は71.1％となっています。

　世帯主の平均年齢が74.2歳という点からみますと、団塊の世代の方がデータの中心になっていると考えられます。

　二人以上の無職世帯の実収入と実支出から家計収支をみますと、退職後の生活に大きな不安を抱く要素はありません。

図4　二人以上の無職世帯の実収入と実支出[注]

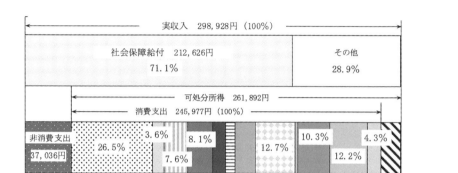

（出典）　「2019 年全国家計構造調査 家計収支に関する結果 4 頁 無職世帯の実収入および消費支出（二人以上の世帯）」（総務省
統計局）（https://www.stat.go.jp/data/zenkokukakei/2019/pdf/gaiyou0305.pdf）より引用

> ## 月間平均家計収支
>
> 実収入 298,928 円－実支出 283,013 円
> （消費支出 245,977 円＋非消費支出 37,036 円）
> ＝月間収支 15,915 円

注　世帯主の平均年齢 74.2 歳、平均世帯人員 2.51 人

全国家計構造調査「高齢無職単身世帯の男女別実収入と実支出」から、女性高齢無職単身世帯の実収入と実支出をみます。

　高齢無職単身世帯とは、単身世帯のうちで65歳以上の無職世帯です。

　図5のように女性の高齢無職単身世帯では、実収入141,646円と、実支出149,145円の差額から平均月間収支では7,499円の赤字です。

　収入の内訳をみますと，公的年金などの社会保障給付は128,908円で、実収入に占める割合は91％となっています。

　消費支出に対する可処分所得の不足分は、金融資産の取崩しなどによって賄っています。

　65歳以降の老後生活期間を30年間と仮定して、平均不足額7,499円を基に計算すると、老後生活費の不足額は約270万円となります。

　女性の高齢無職単身世帯の平均家計収支を確認しますと、退職後の老後生活に経済的に大きな不安を抱く要素はありません。

図5　女性の高齢単身無職世帯の実収入と実支出

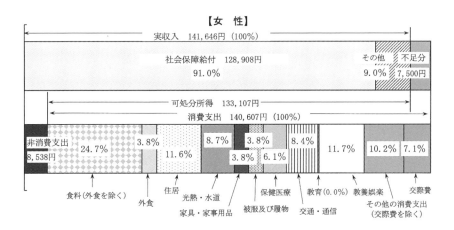

（出典）「2019年全国家計構造調査家計収支の結果 14頁 高齢無職単身世帯の男女別実収入および消費支出」（総務省統計局）
（https://www.stat.go.jp/data/zenkokukakei/2019/pdf/gaiyou0305.pdf）より引用

> ### 月間平均家計収支
>
> 実収入 141,646円－実支出 149,145円
> （消費支出 140,607円＋非消費支出 8,538円）
> ＝月間収支－7,499円

同じように、男性の高齢無職単身世帯の実収入と実支出から家計収支をみてまいります。

　図6のように、男性の高齢無職単身世帯では、実収入163,492円と、実支出162,603円の差額から平均月間収支で889円の黒字です。収入の内訳をみますと，公的年金などの社会保障給付は149,802円で、実収入に占める割合は91.6％となっています。

　男性の高齢無職単身世帯の平均月間家計収支を確認しますと、退職後の老後生活で経済的に大きな不安を抱く要素はありません。

　ここまで、「65歳以上の夫婦のみの無職世帯」、「二人以上の無職世帯」、「女性の高齢単身無職世帯」、「男性の高齢単身無職世帯」という世帯類型別に、実収入と実支出から、家計収支をみてまいりました。

　総務省の2019年全国家計構造調査の結果からみますと、経済的な面からは退職後の老後生活に大きな不安を持つ要素はありませんでした。

図6　男性の高齢単身無職世帯の実収入と実支出

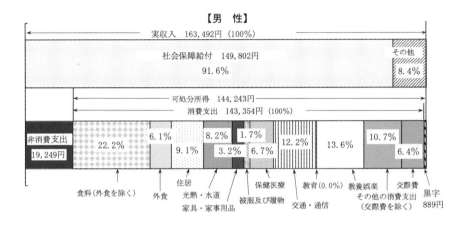

（出典）「2019 全国家計構造調査家計収支の結果 14 頁 高齢無職単身世帯の男女別実収入および消費支出」（総務省統計局）
（https://www.stat.go.jp/data/zenkokukakei/2019/pdf/gaiyou0305.pdf）より引用

月間平均家計収支

実収入 163,492 円－実支出 162,603 円
（消費支出 143,354 円＋非消費支出 19,249 円）
＝月間収支 889 円

③ 経済的にゆとりある老後の生活費とは

　マスコミでは、「退職後には、公的年金の他に5,000万円以上の老後資金が必要」などという報道を行っています。

　そうした報道の根拠はどこにあるのでしょうか。

　生命保険文化センターの令和元年度「生活保障に関する調査」を参照することによりその点を探ってみます。

「生活保障に関する調査」では、夫婦2人の老後生活の「最低日常生活費用」と「経済的にゆとりのある老後生活を送るための費用」を調査しています。

　ここからは、「経済的にゆとりのある老後生活を送るための費用」を「ゆとりある老後生活費」と短縮して表現します。

　ライフスタイルごとに、退職後からの老後生活期間を30年間と仮定して、公的年金だけでは不足するゆとりある老後生活費を把握します。

　ライフスタイルごとに公的年金の平均月額を、厚生労働省 令和3年度財政状況 老齢年金受給権者平均年金額（詳細版）老齢基礎年金月額を加算した平均年金月額から把握しました。

　図7のように、共働き世帯の年金月額は、約27.8万円と推定しました。基礎年金を含む男性の老齢厚生年金の約16.9万円と、女性の

図 7　夫婦共働き世帯と片働き世帯の平均年金月額

	共働き世帯	片働き世帯
男性	168,757 円 老齢基礎年金を含む老齢厚生年金	168,757 円 老齢基礎年金を含む老齢厚生年金
女性	109,241 円 老齢基礎年金を含む老齢厚生年金	66,250 円 老齢基礎年金
世帯合計	277,998 円	235,007 円

（出典）　第 94 回社会保障審議会年金数理部会 令和 3 年度財政状況 厚生年金保険（第一号）受給権者平均年金月額（詳細版）
　　　　「老齢基礎年金月額を加算した平均年金月額」7 頁・8 頁 (https://www.mhlw.go.jp/content/12601000/001027455.pdf)
　　　　を基に著者作成

基礎年金を含む老齢厚生年金の約10.9万円の合計額です。

　片働き世帯の年金月額は、約23.5万円と推定しました。基礎年金を含む男性の老齢厚生年金の約16.9万円と、女性の基礎年金約6.6万円の合計額です。

　生命保険文化センターの令和元年度「生活保障に関する調査」では、単身世帯については男女別のデータはありません。

　単身世帯は、男女別に差はなく、男性の基礎年金を含む老齢厚生年金約16.9万円を単身世帯の年金月額と想定しました。

　生命保険文化センターの令和元年度「生活保障に関する調査」で、「公的年金だけでは不足するゆとりある老後生活費」を把握します。

❖試算例Ⅰ　夫婦共働き世帯のケース ─────────────

ゆとりある老後生活費月額417,000円[注1]

　　－夫婦共働き世帯の公的年金平均月額278,000円[注2]

　　＝年金への平均上乗せ額は月額139,000円

　夫婦共働き世帯のゆとりある老後生活費の平均月額417,000円のケースを基に、30年間の公的年金への「経済的にゆとりのための上乗せ額」を計算します。

　139,000円×12カ月×30年＝5,004万円

　30年間の合計不足額は、約5,004万円となります。

❖試算例Ⅱ　夫婦片働き世帯のケース ─────────────

ゆとりある老後生活費用月間395,000円[注3]

　　－夫婦片働き世帯の公的年金月額235,000円[注4]

注1　生命保険文化センター令和元年度 生活保障に関する調査
　　「ゆとりある老後生活費」夫婦二人の共働き世帯、世帯年収 1000 万円以上の階層のゆとりある老後生活費の平均月額 417,000 円を基に試算しました
　　（https://view.officeapps.live.com/op/view.aspx?src=https%3A%2F%2Fwww.jili.or.jp%2Ffiles%2Fresearch%2Fchousa%2Fxls%2Fr1%2F3-7.xlsx&wdOrigin=BROWSELINK）
注2　男性の平均年金月額約 16.9 万円、および女性の平均年金月額約 10.9 万円の合計額から、夫婦共働き世帯の年金額を約 27.8 万円と推定しました
注3　生命保険文化センター令和元年度 生活保障に関する調査
　　「ゆとりある老後生活費」夫婦片働き世帯、本人年収別 700 ～ 1000 万円のゆとりある老後生活費の平均月間 395,000 円を基に試算しました
　　（https://view.officeapps.live.com/op/view.aspx?src=https%3A%2F%2Fwww.jili.or.jp%2Ffiles%2Fresearch%2Fchousa%2Fxls%2Fr1%2F3-7.xlsx&wdOrigin=BROWSELINK）
注4　男性の平均年金月額約 16.9 万円、および女性の老齢基礎年金約 6.6 万円の合計額から、夫婦片働き世帯の平均年金額を 23.5 万円と想定しました

＝年金への平均上乗せ額は月額160,000円

　夫婦片働き世帯のゆとりある老後生活費の平均月額395,000円の
ケースで、30年間の公的年金への「経済的にゆとりのための上乗せ
額」を計算します。

160,000円×12カ月×30年＝5,760万円

30年間の合計不足額は、約5,760万円となります。

❖試算例Ⅲ　単身世帯のケース─────────────

ゆとりある老後生活費用月額350,000円[注5]

　　－単身世帯の公的年金月額169,000円[注6]

　　＝年金への平均上乗せ額は月額181,000円

　単身世帯のゆとりある老後生活費の平均月額350,000円のケース
で、30年間の公的年金への「経済的にゆとりのための上乗せ額」を
計算します。

注5　生命保険文化センター令和元年度 生活保障に関する調査
　　　「ゆとりある老後生活費」単身世帯のゆとりある老後生活費を未婚世帯の月額平均350,000円
　　　を基に試算しました
　　　（https://view.officeapps.live.com/op/view.aspx?src=https%3A%2F%2Fwww.jili.or.jp%2Ffiles
　　　%2Fresearch%2Fchousa%2Fxls%2Fr1%2F3-7.xlsx&wdOrigin=BROWSELINK）
注6　今後は、男女で賃金格差が縮小するため、男性の基礎年金を含む老齢厚生年金16.9万円を単
　　　身世帯の平均年金月額と想定しました

181,000円×12カ月×30年＝6,516万円

30年間の合計不足額は、約6,516万円となります。

　以上のように、生命保険文化センター令和元年度「生活保障に関する調査」のゆとりある老後生活費を基にすると、公的年金に加えて5千万円以上が必要となる場合があることがわかります。

　このことが示すように経済的にゆとりある老後生活費は、公的年金だけではまかなえないことは当然のことといえます。

　公的年金は、標準的な老後生活を送るために支給されるもので、ゆとりある老後生活費を支給するものではありません。

　全国家計構造調査、および生命保険文化センターの生活保障に関する調査には、ライフスタイル別に家計収支のモデルケースが示されています。家計収支のモデルが、だれにでも当てはまるものではないことから、唯一の正解というモデルは存在しないことがわかります。

　退職後の最低日常生活費と、経済的にゆとりある老後生活費との間には、大きな幅があることがわかります。

　個人ごとに、最低日常生活費に加えて、自らのゆとりある老後生活費を想定する必要があります。自らのライフスタイルを反映したゆとりある暮らしを実現するためには、個人ごとに対策が必要ということではないでしょうか。

④ シニアライフをひとまとめにしない

　図8で示しましたが「二人以上の勤労世帯の実支出」は、50代後半が最も高くなっています。

　二人以上の高齢無職世帯の実収入は、年金が中心と推定されますので、生涯を通じて収入は、同じ水準で推移すると考えられます。

　二人以上の高齢無職世帯の実支出は、なだらかに減少し、年金生活という身の丈に合った水準に落ち着く傾向があります。

　図9の実支出の面から二人以上の高齢無職世帯を見ますと、ライ

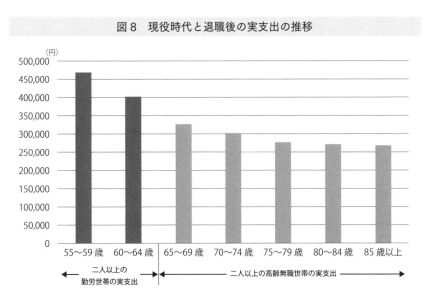

図8　現役時代と退職後の実支出の推移

（出典）「2019 年全国家計構造調査 e-Stat 家計収支に関する結果」表番号 1−4 第 1 −4 表世帯の種類（3 区分）、世帯区分（4 区分）、世帯主の性別（3 区分）, 世帯主の年齢階級（32 区分）、収支項目分類（細分類）別 1 世帯当たり 1 か月間の収入と支出−全国 EXCEL（総務省統計局）（https://www.e-stat.go.jp/stat-search/files?stat_infid=000032053930）を加工して作成

フステージごとに支出が徐々に減少しています。

　実支出で最も高い時期である50代後半の勤労世帯の実支出を基準に、二人以上高齢無職世帯の実支出の変化をみます。

　図9から、二人以上勤労世帯の50代後半の実支出を基準に、二人以上の高齢無職世帯の年齢階級別に実支出の減少傾向を確認します。

図9　二人以上の高齢無職世帯の実支出

単位：円 月　額	勤労世帯の 実収入	二人以上の高齢無職世帯の実収入				
年　　齢	55〜59 歳	65〜69 歳	70〜74 歳	75〜79 歳	80〜84 歳	85 歳以上
実支出	466,759	342,726	300,152	275,103	269,870	266,397
（内） 非消費支出	130,351	42,392	38,487	35,398	39,558	43,611
勤労世帯の 55〜59 歳 の実支出との対比		70%	64%	59%	58%	57%

（出典）　「2019 年全国家計構造調査 e-Stat 家計収支に関する結果」表番号 1−4 第 1−4 表世帯の種類（3 区分）、世帯区分（4 区分）、世帯主の性別（3 区分）, 世帯主の年齢階級（32 区分）、収支項目分類（細分類）別 1 世帯当たり 1 か月間の収入と支出−全国 EXCEL（総務省統計局）（https://www.e-stat.go.jp/stat-search/files?stat_infid=000032053930）を加工して作成

　「65歳〜69歳」のライフステージの実支出は、二人以上勤労世帯の50代後半の実支出に比べて、約70％まで減少しています。年齢が上がるにつれて減少傾向を強めて「85歳以上」の実支出では、50代後半の実支出に比べて、約57％まで減少しています。

　実支出の面からみますと、退職後のシニアライフをひとまとめにして一律に語ることには無理があります。

実支出の減少傾向に関する要点

年齢階級別	勤労世帯の 55〜59 歳の実支出との対比
65〜69 歳	70%
70〜74 歳	64%
75〜79 歳	59%
80〜84 歳	58%
85 歳以上	57%

　一律に語ることができないシニアライフでは、ライフステージごとにゆとりある生活を実現するための、対策を考える必要があります。人の助けなしに社会生活をおくれる期間の健康寿命は、男性約73歳、女性約75歳と伸展する傾向です。

　60代後半、70代前半のライフステージまでは、大病をわずらわなければ、多くの方は自律的に、活動的な生活を送られています。「社会活動をする」「自己啓発活動をする」「余暇を楽しむ活動をする」などの、収入を伴わない活動を暮らしの中心におくことがあります。収入を伴わない活動を暮らしの中心に置いた場合、必要となる費用を年金収入だけではまかなえないことを覚悟しなければなりません。

　退職後のシニアライフでは、健康で活動的な生活を送られている方が多い60代後半、70代前半で、実支出が大きくなりがちです。

　60代後半、70代前半のライフステージでは、得意とする分野を活かして週3日・週2日でも、収入を得られるような働き方を実現

すべきです。

　得意とする分野で収入を得られる働き方が実現できれば、シニアライフへの対応策ができているといえるのではないでしょうか。65歳以降であれば、フルタイムで収入のために働くような暮らし方を選択しなくても、年金収入があるので充分まかなえるはずです。

　年金収入を含めて、ゆとりのための費用をまかなうことができるような働き方を、75歳まで実現すべきです。

　自然と感じる得意とする分野で収入を得る働き方が実現できれば、シニアライフは人生の楽園というべきではないでしょうか。

⑤ ライフイベントを取捨選択する

　シニアライフの最低日常生活費用と、経済的にゆとりのある老後生活を送るための費用の間には大きな幅があることがわかりました。暮らし向きの高さと内容、つまり思い描く生活水準によって準備すべき資金が変わってくるということです。

　お金の不安の正体は、思い描くライフスタイルを実現する暮らしの費用が、いくらになるのかわからないことです。

　目指す暮らしをイメージして、目指す暮らしの中で必要となる出来事を把握して、それにかかる費用を想定します。

　図10の、人生の3大費用といわれる教育・住宅・老後のための費

用など、ライフイベントにはまとまったお金が必要になります。

　ライフプランを立てることで、いつ、どのくらいのお金が必要になるのかがわかれば、計画的に備えることができます。

　そのために、希望する暮らしを実現する上で発生するライフイベントを明確にする必要があります。

　自らのライフサイクルに出現する、ライフイベントを想定して、平均的な支出からかかる費用を予測します。

　人生の午後には、どのような暮らしを思い描くのでしょうか。よりきめ細かく自分の場合に落とし込んで、想定してみる必要があります。

　自らの持続可能なライフスタイルから、ライフイベントにかかる費用を明らかにすることではないでしょうか。

① 老後の生活費用

　　・老後の生活費　・自己啓発のための費用　・旅行費用

　　・病気に備えるための費用　・介護費用

② 住まいのための費用

　　・マイホームの取得費用　・ローンの返済費用

　　・修理修繕費用　・耐震補強工事費用

　　・リフォーム／リノベーション費用

③ 耐久消費財の買い替え費用

　　・車の買い替え　・家電機器、暖房給湯器の買い替え

図10　主なライフイベントにかかる費用の目安

30代　　　　　40代

働くママには嬉しい
制度も
「出産手当金」など
公的制度を利用す
れば出産費用は抑
えられます。

物件価格に加え諸経費が必要
購入費のほかに、税金や登記費
用、維持・管理、修繕費などがか
かります。

結婚・出産など
環境の変化を踏まえて
今後の貯蓄や
資産運用を検討
しましょう。

結婚は、
人生の一大イベント
入籍のみなど、お互
いの価値観で出費額
は大きく変わります。

結婚式費用	出産費用	住宅購入費用（新築）
約**355**万円	約**51**万円	建売 ………… 約**3,442**万円 マンション …… 約**4,437**万円

出典:株式会社リクルートマーケティングパートナーズ
　　「ゼクシィ　結婚トレンド調査2019調べ」

出典:公益社団法人国民健康保険中央会
　　「出産費用　平成28年度」

出典:住宅金融支援機構
　　「2018年度フラット35利用者調査」

50代	60代 〜	

塾や習い事など
学校以外の
出費も把握しよう

学校教育費の
ほかに、塾や習
い事の費用も
かかります。

60歳退職の場合、
5年間は年金収入が
ないので計画的な
家計管理が
必要です。

施設入居は意外と
大出費になる場合も

介護施設に入居す
る場合は、契約金
などまとまったお
金が必要です。

教育費用

小学校〜高校：公立、
幼稚園、大学（文系）：
私立の場合

約**1,033**万円

出典：文部科学省「平成30年度子供の学習費調査の結
　　　果」及び「平成30年度私立大学入学者に係る初年
　　　度学生納付金平均額（定員1人当たり）の調査結果
　　　について」より金融庁試算

老後の生活費用

約**26**万円（1ヵ月当たり）

出典：総務省「家計調査年報（家計収支編）平成30年
　　　（2018年）」

介護費用

約**17**万円（1ヵ月当たり）

出典：厚生労働省「平成30年度　介護給付費実態調
　　　査の概況」（保障給付額、公費負担額及び利用
　　　者負担額（公費の本人負担額を含む）の合計額）

（出典）「基礎から学べる金融ガイド」発行・編集 金融庁 2021 年 1 月発行を一部引用 (https://www.fsa.go.jp/teach/ kou3.pdf)

（注）曲線は収入、お札は支出をイメージしています

④ 子供のための費用

　・大学進学費用　　・結婚支援費用

　長寿化の進展で年齢別・男女別の平均余命なども踏まえ、イメージして考える必要があります。

　自らが想い描くライフスタイルでは、公的年金以外でまかなわなければいけない金額がどの程度になるかを想定すべきです。

　退職金を含めた貯蓄残高から判断して、必然と考えるライフイベントでも、優先順位を考慮して適切に取捨選択を行う必要があります。

　ゆとりあるシニアライフには、持続可能なライフスタイルの実現に向けた個人ごとの対策が必要と考えますがいかがでしょうか。

「今、やらなくてはいけないことは何か」「将来にわたりやるべきことは何か」という課題があります。それは自らが設定した持続可能なライフスタイルの目標によって変わってくることがわかります。

3章

人口減社会の
持ち家取得のリスク

（1）持ち家はリスク資産と考える

　バブル経済が崩壊するよりも前の時代は、団塊の世代中心に、地価は間違いなく上昇するという土地神話が、根強くありました。

　図11から、東京都の住宅地の事例で、不動産価格指数の推移をみてまいります。

　住宅地の価格は、1984年～1987年にかけて3年間で、3倍以上値上がりし、その後約20年かけてバブル経済発生前の価格に戻りま

図 11　不動産価格指数住宅地（東京都）注

（出典）「不動産価格指数（住宅）エクセル資料 東京都」（国土交通省）（https://www.mlit.go.jp/totikensangyo/totikensangyo_tk5_000085.html）を加工して作成

注　2010年1月～12月の算術平均値を100として基準化、2008年3月以前のデータは、国土交通省のほか、公益社団法人東京都不動産鑑定士協会のデータを一部引用

した。バブル経済崩壊後には、地価は値上がりするばかりではなく、下落することもあるというリスク資産の側面が認識されました。

② 高齢化、人口減少の影響

　図12日本の将来推計人口の推移をみると、日本の総人口$_{注}$が1億人を下回るのは、出生中位（死亡中位）推計に基づけば2056年頃です。

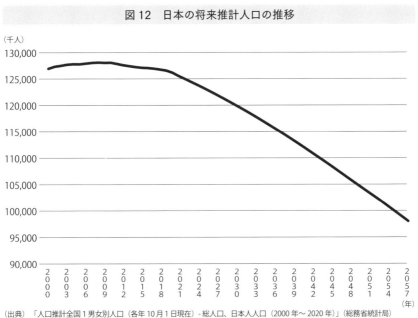

図12　日本の将来推計人口の推移

（千人）

（出典）　「人口推計全国1男女別人口（各年10月1日現在）-総人口、日本人人口（2000年〜2020年）」（総務省統計局）
　　　　（https://www.e-stat.go.jp/stat-search/files?stat_infid=000013168601）、および
　　　　日本の将来推計人口（令和5年推計）表1−1　総数、年齢3区分（0〜14歳、15〜64歳、65歳以上）別総人口および
　　　　年齢構造係数：出生中位（死亡中位）推計（https://view.officeapps.live.com/op/view.aspx?src=https%3A%2F%2Fwww.
　　　　ipss.go.jp%2Fpp-zenkoku%2Fj%2Fzenkoku2023%2Fdb_zenkoku2023%2Fs_tables%2F1-1.xlsx&wdOrigin=BROWSELINK）

注　総人口は国内での滞在期間が3カ月を超える外国人を含む

日本の将来推計人口とは、全国の将来の出生、死亡、国際人口移動に仮定を設け、わが国の将来の人口規模ならびに男女・年齢構成の推移の推計を行ったものです。

　高齢化・人口減少社会では、住宅資産が物理的に余る時代になるという視点が重要です。

「高齢化が住宅価額を減じる理由として、高齢化は病気や死亡の可能性を高め、住宅の売却を促進し市場に供給増をもたらすものと考えられている。

　他の条件が一定であれば、人口成長率が１％減少すると住宅価額は1.05％下落する。高齢化率が１％高まると実質住宅価額は0.68％下落する。高齢化、あるいは人口減少が止まらない限り住宅価額は下がり続ける」（川口有一郎著 特集人口減少・高齢化社会と金融市場「人口と不動産投資」証券アナリストジャーナル2020第58巻４号p.39より一部引用　https://www.saa.or.jp/dc/sale/apps/journal/JournalShowDetail.do?goDownload=&itmNo=36840)

 ③ 持ち家取得年齢人口の減少

　2022年の「人口動態統計」によれば、出生数はこれまでで最も少ない約77万人となりました。

　死亡数は約157万人で、死亡数から出生数をひいた人口の自然減

は約80万人となり、人口減は16年連続となり減少幅は過去最大となりました。少子化を背景に、急速な人口減社会を、迎えようとしています。人口減による住宅需要の低迷は、長期的な懸念として意識されています。

　日本では、持ち家取得に積極的であると考えられる年齢は、統計的には30～44歳の世代です。

　図13のように、30～44歳の年齢別人口は、2008年にピークを迎えた後に減少傾向が続き、2020年にはピーク比で16％減となりました。20年後の2040年には、30～44歳の年齢別人口は、2020年

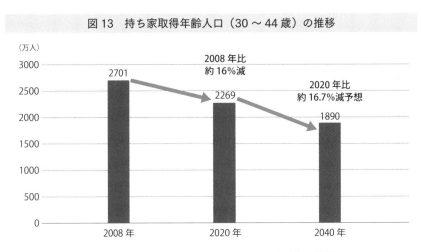

図13　持ち家取得年齢人口（30 〜 44 歳）の推移

（出典）　人口推計 各年 10 月 1 日現在人口 年次 2008 年 | ファイル | 統計データを探す | 政府統計の総合窓口 (e-stat.go.jp)
（https://www.e-stat.go.jp/stat-search/files?page=1&layout=datalist&toukei=00200524&tstat=000000090001&cycle=7&year
=20080&month=0&tclass1=000001011679）、および
国立社会保障人口問題研究所 日本の将来推計人口（令和 5 年推計）詳細結果表 出生中位（死亡中位）推計（令和 5 年推計）
表 1−9 男女年齢各歳別人口 I（総人口）
（https://view.officeapps.live.com/op/view.aspx?src=https%3A%2F%2Fwww.ipss.go.jp%2Fpp-zenkoku%2Fj%2Fzenkoku2023
%2Fdb_zenkoku2023%2Fs_tables%2F1-9.xlsx&wdOrigin=BROWSELINK）を加工して著者が作成

比で約16.7％減少すると予想されています。30～44歳の年齢別人口は、2008年のピークからみると2040年には約30％減少することになります。

　新規に持ち家を取得しようとする人口の減少が止まらない限り、住宅地の価格は低迷し続けることが予想できます。

　こうした傾向を基にすれば、日本全体の住宅投資金額も、低迷することが考えられます。今後、新規に持ち家取得を考える方は、目当てとする宅地の資産価値の長期的推移を、考慮に入れて判断すべきということです。

　総務省の「住民基本台帳人口移動報告」によれば、2021年に東京都へ転入した女性の方は約19万8000人でした。

　その内訳は、20歳～24歳の方が5万8000人（約30％）、25歳～29歳の方が約4万6000人（約23％）、30歳～34歳の方は約2万4000人（約12％）です。

　東京への人口流入の中心は若い女性です。背景には、地方に希望する職種が少ないことがあります。

　2020年の「人口動態統計」をみると、都道府県で出生数が最多だったのは東京都の約10万人で、いまや8.4人に1人は東京生まれとなっています。

　出産適齢期の女性がこれだけ東京都に流出したのならば、地方の出生数が少なくなるのは当然のことです。

　未来人口の増加につながる若い女性人口の純増数でみると、東京は不動の女性誘致力を持っています。

　女性活躍推進法が適用される大企業の数が多い、東京へ向かう若年女性人口の流れを止めるのは難しいと考えられます。

　未来の出生数を考えるならば、圧倒的な未来人口の勝ち組は、就職期に女性を集める力がダントツである東京です。

　少子化がますます深刻となるこれからの社会では、子育て世帯が少なくなり、人口の地域ごとの偏りが、今よりも急速に顕著になってくるでしょう。

④ 購入と賃貸では、どちらが得か

　住宅地の不動産評価を行う不動産鑑定評価基準の１つである収益還元法注を基に、購入と賃貸の違いについて考えます。

　収益還元法とは、対象不動産が将来生みだすと予想される純収益の現在価値の総和を求めることによって、対象不動産の資産価値を求める手法です。不動産の価格は、一般に当該不動産の収益性を反映して形成されるもので、収益は不動産の経済価値の本質を形成するものです。

注　国土交通省 不動産鑑定評価基準 Ⅳ 収益還元法 p .27 〜 31
　　（https://www.mlit.go.jp/common/001043585.pdf）

従ってこの手法は、自宅用の住宅地といえども、賃貸を想定することにより適用されるものと考えられます。

　図14で、不動産鑑定評価基準の収益還元法に基づいて、購入費用と賃貸費用の関係を説明します。

　収益還元法の考え方を基にすれば、住宅購入費・維持管理費・固定資産税等から住宅の現在価値を差し引いた金額は、賃貸費用とほぼ同じ費用になります。

　住宅購入費に加えて住宅の維持管理、および固定資産税等の追加的費用を含めたコストを現在価値に割り引いた金額を把握します。

　宅地・建物を売却して、住宅購入時の費用を回収しますが、一戸建て建物は築年数が30年以上ですと、残存価値はほぼゼロと評価されます。

　購入した住宅を賃貸に出したと仮定し、住宅の生み出す賃貸料収入の累計を現在価値に割り引いた金額を把握します。

　不動産鑑定評価基準の収益還元法を基に計算すると、

　　　（A）－（B）≒（C）になると考えられます。

　収益還元法を基に、住宅の購入と、住宅の賃貸の場合を比べた時、どちらか一方に必ず損・得が発生すると考えることはできません。

　つまり、住宅の購入では、購入した宅地が、値下がりしたら損で、値上がりしたら得ということになります。

図 14　不動産鑑定評価基準の収益還元法に基づく購入費用と賃貸費用の関係

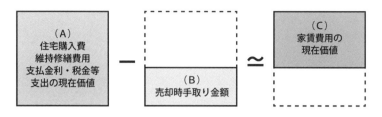

(A)　住宅購入にかかる支出の現在価値
●土地購入費用・家屋建築費用・司法書士報酬
●税金（購入時）不動産取得税・建物消費税・登録免許税・印紙税（購入後）固定資産税・都市計画税
●修繕およびリフォーム費用
15 年程度の周期でまとまった対応が必要
（注　マンションは管理費・修繕積立金を見積もる）
【住宅ローンの利用にかかる支出】
●ローン返済費用
元本・金利の支払い、ただし住宅ローン減税の適用有
●ローン借入費用
団体信用生命保険特約料・機構特約火災保険料・ローン保証料・事務手数料・抵当権設定登記費用料など

(B)　一定の経過年数を経た後の、物件売却時の手取り額の割引現在価値
（注　1981 年建築基準法改正以降に建築確認された住宅の場合）

(C)　住宅賃貸費用総額の割引現在価値
●賃貸料　●礼金・敷金（敷金は契約終了後返還）
●契約更新料　●共益費（マンションの場合）
●借家人賠償責任保険特約を含む火災保険料

（出典）著者作成

あくまで、購入した住宅地の地価が、値下がりするか、値上がりするかで、損・得が発生するということです

他の条件が一定であるとして、住宅費を考えると、一般論として購入と賃貸ではどちらが得か、損かという考え方は成り立ちません。

⑤ 郊外型ニュータウンのケースに注意

持ち家取得を考える際に把握すべき問題があります。

開発された時期にはもてはやされた、最寄り駅からの距離が遠い郊外型ニュータウンのケースです。

開発から50年経った郊外型のニュータウンでは、施設の老朽化や住民の高齢化が顕著です。

首都圏のかつてのニュータウンが、人口減と高齢化が同時に進み、超高齢社会の最前線となっています。

一時期に開発され、一斉に均質な住民が入居したことから、一転して過疎化が懸念されるケースが見受けられるので注意が必要です。

過疎化の主な要因は、郊外に建設された当時に入居したニュータウンの住民の子供世代が、域外へ流出してしまったことにあります。

郊外へマイホームを購入した世代が、一斉に高齢化を迎えていますので、大都市の周縁部といえども人口減少が進むと予想できます。

高齢化の波が都市近郊にせまりつつあることから、以前には人気

エリアであった大都市圏近郊でも、過疎化は現実のものとなっています。高齢になり入浴など日常生活のすべてで介護が必要な段階でも、自宅暮らしを続ける場合もあります。

　一方、加齢に伴う心身の衰弱に合わせて、高齢者住宅や介護施設への入居も選択肢になります。

　有料老人ホーム等の入居金づくりのために、持ち家を売却する場合も想定されます。

　持ち家を金融資産化する場合のことも想定し、購入と賃貸にかかわる問題を含めて検討すべきです。将来、金融資産化することを念頭に置いて、購入を検討する宅地の20年後はどのような変貌を遂げているのかを想定すべきです。

⑥ 東京圏の持ち家取得は資産運用と考える

　図15のように、2012年から2022年までの11年間で、マンションの全国不動産価格指数は約82％上昇しています。

　東京都におけるマンションの不動産価格指数は、約87％上昇しています。

　2013年4月にいわゆる「黒田バズーカ」と呼ばれた異次元の金融緩和政策が発動され、低金利政策の影響から住宅地価は上昇しました。

　異次元の金融緩和の影響を強く受けた住宅地価の上昇は、人口が

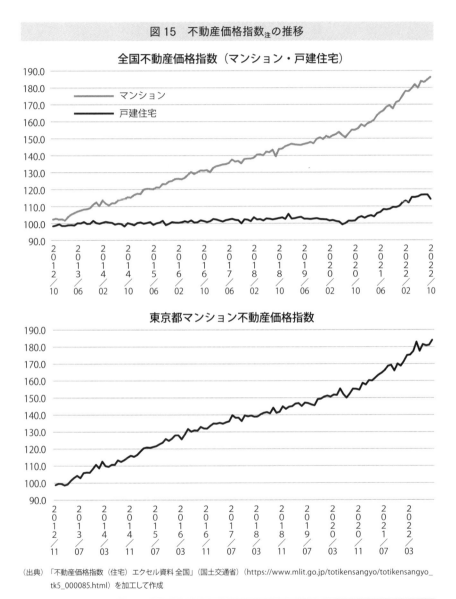

図 15　不動産価格指数[注]の推移

全国不動産価格指数（マンション・戸建住宅）

戸建住宅
マンション

東京都マンション不動産価格指数

（出典）「不動産価格指数（住宅）エクセル資料 全国」（国土交通省）（https://www.mlit.go.jp/totikensangyo/totikensangyo_
　　　tk5_000085.html）を加工して作成

注　不動産価格指数とは、2012 年 8 月から国土交通省が公表しているデータで、不動産価格の動向
　　を指数化した統計データです。実際の取引価格をベースに作成されて公表されています

集中する地域に限られています。

　人気の大都市中心部の再開発エリアが、将来価値の上昇を見込んだ投資として注目を集めています。

「世界の都市圏の人口割合は年々増加傾向にあり、中でも東京の都市人口は、2025年まで世界第1位の予測となっています。埼玉、千葉、神奈川を含む東京圏には日本の総人口の約3割が居住し、都市への人口集中の度合いは世界の中でも高くなっています」（総務省 情報通信白書 令和2年版「都市部への人口集中」より一部引用 https://www.soumu.go.jp/johotsusintokei/whitepaper/ja/r02/html/nd121120.html)

　日本では、大都市への人口の集積が進んできたことがわかります。人々は豊かな生活を送るために、都市という集積の経済を使ってきました。集積することで、企業活動に必要な資源や情報、人材などが容易に入手できるようになります。取引関係にある異業種の企業が同一の地域に立地することで、コミュニケーションにかかる費用を大きく節約できます。異業種の技術者が集うことで、新たな創造の発想によって、新しいアイデアなどが生まれ、生産性が向上することが期待できます。集積の経済を発揮できる都市という環境が、生産性の向上の確保に必要と考えられます。高額マンションを購入、あるいは高額な家賃を負担して大都市中心部に住む人は、住むことでリターンが大きいと考える人です。

大都市には、技術・知識集約性の高い産業が集積していることで、個人的にも生産性を高める余地があると考えられるからです。

　職場に近く、大都市中心部へのアクセスの良さを持つ駅近タワーマンションの利便性は、他の地域との格差を広げる要素です。

「2021年度首都圏（1都3県）新築マンションの1戸当たりの平均価格は、6,360万円とバブル期を超え、過去最高を更新した。地域別での平均価格は、東京23区が、8,449万円で過去最高になった」（不動産経済研究所　2022年4月18日）

　注意しなければならないのは、生産性を高めるエンジンが失われて、コストに見合ったリターンが得られなくなれば、人は去ります。人・モノ・情報を、東京に集めることで、機能してきた、集積の経済という生産性向上策が、働かなくなったら曲がり角を迎えます。

「NTTは本社機能の一部を、東京都心から群馬県高崎市と京都市に移す。戦後長らく続いてきた一極集中。その潮目が変われば、働き手は人口集中による窮屈な暮らしから解放される」（『日経Views』先読み「一極集中、潮目変わるか」2022/10/02）

　新型コロナウイルスの感染拡大を契機に、本社や一部機能を東京圏から移す企業も増えています。

　これまで地方圏で、人口減少と高齢化が先行してきました。今後は東京圏においても、人口減少や高齢化が、急速に進行していく可能性があります。

　例えば、多数の高齢者が、所得や資産はあっても物理的に充分な医療・介護が受けられない事態を招きかねません。

　人口が集中する東京圏での高齢化の進行状況によっては、グローバル都市としての活力が、失われることを想定すべきかもしれません。

　住宅ローン金利は「黒田バズーカ」から、10年を経ても超低金利状態が続き、銀行の低金利競争は、住宅ローン利用者を巻き込んでいます。

　デフレ脱却をもくろんだ日銀の低金利政策は、住宅市場の活況をもたらしていますが、いつまで続くのか見極める必要があります。

　住宅の適正購入価格は、購入後に賃貸に出して、一定期間経過の後に売却した場合にも、損をしないことが目安となります。

　持ち家取得では、住宅ローンを組んで住宅ローン控除等の税制優遇措置を受けながら、資産運用している意識を持つことが大切です。

　人口減社会は、住宅が人生最大の買い物でなくなる時代の到来を意味しています。

　東京などの大都市の一等地に、住宅を購入することをあきらめれば、ゆとりある老後生活のための資金を、確保することができます。

4章

ライフサイクルと
資産運用

（1）すでに背負っている負債を意識する

人生100年時代が現実になった今、予想できる相応の資産形成ニーズを背負って暮らしていると意識すべきではないでしょうか。

希望するライフスタイルを実現するためには、ライフイベントに合わせた、それ相当の支出が発生すると考えられるからです。

それが必然的に発生する支出であれば、住宅購入のためにローンを組んだ場合と同じように、将来に向けて背負っている負債です。すでに背負っている負債と考えられるならば、当然その負債に見合うだけの資産が必要となります。

ライフプランを実現するためのかなめは、背負っている負債に見合う資産を、いかにして構築するのかということです。

自助努力が求められる中で、背負っている負債をまかなうために頼れるのは、人的資産と金融資産であることは間違いありません。

（2）ライフサイクルを考慮した資産運用を行う

ライフサイクルとは、人生を「少年期」「成人期」「中年期」「老年期」など一定の段階に分けて捉える共通の認識です。

ライフサイクルを考慮した資産運用のエッセンスは、個人の資産を人的資産＋金融資産と捉えることです。

　中核となる収入を生み出す最大の資産は、自分自身です。

　自分自身は最も重要で安定した最大の資産で、教育などの自己投資で価値をあげることができます。

　投資理論では、自分自身を資産として捉える場合は人的資産と呼んでいます。金融資産は、あくまでも自分自身という人的資産の補助的な役割を果たすものと理解しましょう。

　生涯に受け取る給料・ボーナスなどの、収入の合計額の現在価値が、現時点での自らの人的資産の経済的価値です。

　働いて給料を稼ぐ期間が長い場合は、生涯の収入の合計である人的資産の価値は大きくなります。

　資産形成を考えるときは、金融資産に自分自身という人的資産を併せた資産全体を考えます。

　サラリーマンにとって、自分自身という人的資産に、最も大きな影響を与えるのは年齢です。

　年齢を重ねると、働いて給料等を稼ぐ期間が、短くなりますので、生涯にわたり受け取る収入の合計額は減ります。

　図16の人的資産のグラフにあるように、人的資産の価値は、年齢を重ねるとともに低下します。

　人的資産のグラフが、60歳時点で大きく下へ曲がっているところは、定年退職の年齢を示しています。

　一般的には、定年退職後は、人的資産は急減します。

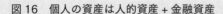
図16　個人の資産は人的資産＋金融資産

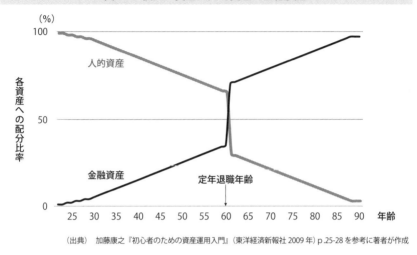

（出典）　加藤康之『初心者のための資産運用入門』（東洋経済新報社 2009 年）p.25-28 を参考に著者が作成

　人的資産の価値の低下を補うために、その代替となる金融資産を多く持つ必要があります。

　定年退職時には、退職金が支払われることにより、金融資産の比率が人的資産に対して急増すると考えられます。

 ③ 人的資産と金融資産をセットで管理する

　人的資産が安全資産と考えられる期間は、安全資産としての金融資産は多くは必要ではありません。

　成人期の方は、将来にわたって収入を生み出す最も安全な資産が自分自身であり、安全資産としての人的資産の価値は大きいと考え

られます。金融資産の中で、株式等のリスク資産に配分できる比率を高くできる時期と考えられます。

　低リスクの人的資産が豊富に存在する時期は、金融資産を株式等のリスク資産で運用することが可能です。

　この考え方が金融資産の中で、リスク資産と安全資産を、どの程度の比率で持つべきかを決めるヒントになります。

　中年期は、安全資産としての人的資産の価値が大きいので、給料等の収入から株式等のリスク資産への配分を増やすことができます。老年期には、働いて収入を生み出せる期間は少ないので、人的資産の価値は小さくなっています。

　働いて稼ぐ期間が短くなり、人的資産の価値が減少するにつれて、安全資産としての金融資産の比率を高める必要があります。

　完全に退職された方は、給料等の収入はなくなりますので、公的年金等に加えて、金融資産を少しずつ引き出して生活費に充てます。安全資産としての金融資産のウェイトを高めなければならない理由です。ライフサイクルの段階ごとに、人的資産と金融資産の組み合わせの枠組みで捉えます。

④ 人的資産の特性を見極める

　金融資産の中で、リスク資産と安全資産に対する資産配分は、自分自身の人的資産の特性を考慮に入れるべきです。

　プロスポーツの選手のように、毎年の収入が大きく変動する可能性が高い職業の場合では、人的資産は高リスクの資産といえます。金融資産の資産配分では、相対的に安全資産を多くした方が全休のバランスが良くなります。

　失業リスクの小さい収入が安定した職業で、将来にわたり収入が保証されている場合は、人的資産は低リスクの安全資産です。年金支給開始時期の65歳まで、雇用が保証されている方の人的資産も、低リスクと考えられます。

　収入が安定している職業では、金融資産の資産配分は、株式等のリスク資産を中心にした方が、バランスの取れた配分といえます。

⑤ 自分に合った金融資産をみつける

　資産形成を重視する観点からは、定年退職までを、資産形成期と考えます。

　定年退職から年金受給開始までを移行期、年金が生活の柱になる年金生活期と区分します。

　人的資産の価値が大きい時期は、積極的に金融資産による資産形成を図る時期です。株式等のリスク資産を中心に、中長期的な視点で適切なリスクを取って運用すべきです。

　人的資産の特性が、国内経済に連動するリスクを持つと考えられる場合には、海外のリスク資産への投資が重要な選択肢です。

　人口減社会の進展で、国内需要が減少し、成長期待が小さくなる状況では、早期退職制度のもとで失業の懸念があります。

　働き場所に関するリスクの分散を図る必要性もあります。

　複数の働き場所、複数の収入を確保することにより、リスクの分散を図ることは、自然なことです。

　ベテランの生き残る道では、経験を土台に、鍛錬を重ねてニッチな分野で、自然と感じる得意な型を持たざるを得なくなります。ジョブ型雇用では、より良い労働条件で働くために、自営業的な働き方で、緊張感がある専門職化、技術職化が生じています。

　ニッチな分野で得意な型を持つことは、不確実な時代を生きるための対策ですが、人的資産が片寄るリスクはあります。

　人的資産の特性が片寄るリスクを軽減するためには、世界の株式等のリスク資産を活用してヘッジする必要があります。

　国内企業の持つ経済的リスクを軽減する効果が高いのは、海外株式への定額購入法による分散投資です。

適切なリスクを取らなくてはならない理由のもう一つは、将来の負債はインフレリスクを伴うからです。

　インフレリスクを相殺させ、将来の負債をまかなうには、リスクを持つ資産への投資でしかマッチングできません。

　時価が変動する資産と負債を1つのものとして管理して、バランスをとることは重要です。現在のように物価上昇率がプラスで、名目金利がゼロ近くである状態では、保有するお金の実質的な価値が減るリスクがあります。安全資産に限定した資産形成では、目標の達成は困難と推測できます。グローバル化の後退の流れから、国際貿易の不確実性が高まっています。国際的な商品の供給網がマヒすることを通じて、インフレ率が上昇することが考えられます。

　グローバルな自由貿易を前提とした、エネルギー等の供給網の混乱は、インフレの長期化につながります。

　移行期には、人的資産の価値の減少に合わせて、計画的に株式等のリスク資産への配分比率を減らす時期です。

　年金生活期は、金融資産の活用が生活の柱となりますので、年齢を重ねると共に適切な水準まで、安全資産の配分比率を高めます。

5章
今、やらなくては いけないことは何か

では個人としては、どうすれば良いのか。考えなければならない
のは、退職後の生活の貧困を回避し、生涯にわたり経済的にゆとり
ある暮らしを求める欲求を満たすことです。

　まずは、経済面で暮らしに欠かすことのできない、知っているよ
うで知らない公的年金と健康保険の基本を知ることです。

　何歳まで働けば、いくら受給できるのか、個人ごとに異なる年金
見込み額を、シミュレーションする必要があります。

　注意すべきは、サラリーマンには55歳で年収３割減など、一定の
年齢になると年収が減少する役職定年制度があります。

　若手人材の起用戦略であるポストオフの仕組みから、50歳以上で
は、年収が２割〜４割減になる場合もあります。

　公的年金は、老後生活を送る上でのかなめですので、受給できる
金額はいくらなのか、ケースバイケースで予想を立てて把握して下
さい。

　政府は、公的年金の給付水準を示す指標である所得代替率を、
50％以上に維持することを目指すとしています。

　所得代替率とは、年金を受け取り始める時点の年金額が、現役世
代の手取り収入額と比較してどのくらいの割合かを示すものです。
所得代替率50％とは、現役世代の手取り収入の50％を年金として
受け取れるということです。

　年金額を把握し、自らの希望するライフスタイルでは、公的年金

以外で、いくら準備すべきか目星をつけて下さい。

　つぎに、資産形成のための３つの投資、２つ目の、持続可能なゆとりある暮らしに向けた経済的資産への投資です。

　国内需要が減少し、長期的に成長期待が低下する環境では、多くの人は、退職後に備えた資産を形成する必要があります。

　世界へ投資するということは、世界の成長企業という経済のエンジンの活躍に期待することです。

　世界の成長企業が、アニマルスピリッツを発揮して成長することで、生産性は向上し、就業者一人当たりの付加価値額も上昇します。

　人口減社会の危機に向き合うために、資産形成にむけて、貯蓄から株式等のリスク資産への投資へ意識を転換します。

① 年金を知って備える

　退職後の生活における継続的な収入は、多くの場合は年金が柱になります。私たちは、退職後の家計の安定を支えてくれる年金を正しく知っておく必要があります。

　図17のように日本の年金制度は、

　①「国民年金」「厚生年金」の公的年金

　②「確定給付年金」「確定拠出年金」の企業年金

　③「個人型確定拠出年金（iDeCo）」などの個人年金

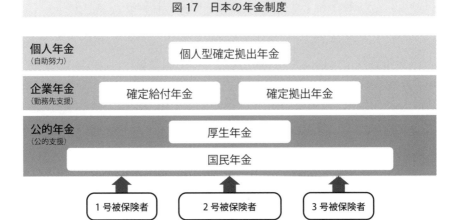

図 17　日本の年金制度

個人年金 （自助努力）	個人型確定拠出年金	
企業年金 （勤務先支援）	確定給付年金	確定拠出年金
公的年金 （公的支援）	厚生年金	
	国民年金	

| 1号被保険者 | 2号被保険者 | 3号被保険者 |

（出典）日本年金機構ホームページ（https://www.nenkin.go.jp）の内容を参考に著者が作成

と大きく３つに分かれています。

　公的年金は、社会保障制度の一環として国が運営する社会保険の中の一つで、国民年金と厚生年金の２種類があります。

　公的年金の運営に必要な費用は、被保険者と事業者が負担する保険料、国庫負担金、積立金の運用収入でまかなわれます。

　②、および③は、公的年金に上乗せして、受け取ることができる私的年金です。

国民年金

　国民年金は、日本国内に住む20歳以上60歳未満のすべての方が加入します。

　国民年金の被保険者は、その人の立場や保険料の納め方で３種類に分かれ、加入手続きや保険料の納付方法が違います。

　第１号被保険者は、自営業、自由業、20歳以上の学生の方です。

　第２号被保険者は、厚生年金に加入して働いている方です。

　第３号被保険者は、第２号被保険者に扶養されている配偶者の方です。

厚生年金

　厚生年金には、厚生年金に加入している会社などに勤務している人、国家公務員、地方公務員、私立学校職員の方が加入します。働く人が保険料を出し合い、事業主も負担して、長い老後や、障害、死亡などの意図しない状況に、生活の安定を図ることが目的です。

　厚生年金の加入者は、厚生年金を通じて国民年金にも加入しています。国民年金の給付である基礎年金に加えて、厚生年金の給付を受けます。公的年金は加入期間や年齢などの条件がそろえば、年金を受ける受給権が発生します。

　年金を受給するには、支給開始年齢に達し、受給権が発生したら自分で年金請求を行います。

　支給開始年齢に達する３カ月前には、年金加入記録などを印字した国民年金、厚生年金の老齢給付のための年金請求書が送付されます。

企業年金

　企業年金は、会社が掛け金を出して積み立てて、社員が退職後に受け取る私的年金です。

　企業年金には、確定給付型と確定拠出型があります。

　確定給付型は、退職一時金のうち、会社が決めた割合の金額を上限に、年金原資に組み入れ、元本に対し一定の利回りを保証して給付します。

　確定拠出型は、法律で定められた金額の範囲内で、事業主が拠出し、従業員は会社が準備した運用商品で運用します。

　60歳以降に、積み立ててきた年金資産を一時金、もしくは年金の形式で受け取ります。

個人年金

　自助努力の個人年金では、代表的なものとして個人型確定拠出年金（iDeCo）があります。

　確定給付企業年金がある企業の従業員の方も、個人型確定拠出年金に加入できます。受給開始の上限年齢は75歳で、受給開始時期は60歳から75歳までの間で選択できます。

どんなとき、どんな年金がもらえるのか

　図18からどんなとき、どんな年金が受給できるのかという観点か

68

ら公的年金をみてまいります。

　老齢になったとき受給できる年金が老齢年金です。国民年金の老齢基礎年金、厚生年金の老齢厚生年金、共済年金の退職共済年金があります。

老齢基礎年金

　老齢基礎年金を受けるためには、受給資格期間が10年以上あること、および65歳に達していることが要件となります。

　10年に満たない場合でも、国民年金に60歳以降も任意加入するなどし、受給資格を得ることができます。

　20歳から60歳までの40年間保険料を納めた場合に、令和5年度

図18　本人・配偶者が受給する公的年金の事例

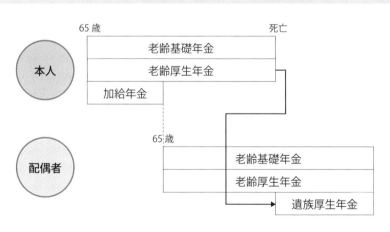

（出典）　日本年金機構ホームページ「老齢年金」（https://www.nenkin.go.jp/service/jukyu/roureinenkin/index.html）を基に著者が作成

の新規裁定者では、満額の年間795,000円が受給できます。

　老齢基礎年金は、40年を満額として加入期間によって計算されます。保険料を納めた期間がこの期間に満たない場合は、満たない期間に応じて減額されます。

支払った年金保険料は10年で取り戻せる

「年金保険料を支払うのはいいが、支払った保険料は取り戻せるのか？　結局、払い損にならないのか？」という質問を受けることがあります。支払い保険料が、国民全員一律の国民年金を例にとって解説します。

　事例で支払った保険料は何年で取り戻せるかは、支払い保険料を受け取り年金額で割って計算した場合の約9.97年となります。老齢基礎年金を10年受給すると、支払った国民年金保険料をすべて回収

事例　支払った保険料は何年で取り戻せるか

$$\frac{7,929,600\text{円}_{注}\left(\begin{array}{c}\text{加入期間40年に支払う}\\\text{国民年金保険料の想定額}\end{array}\right)}{795,000\text{円}\underset{\text{（令和5年度満額）}}{}\left(\begin{array}{c}\text{40年間保険料を納めた}\\\text{場合の満額の年金額}\end{array}\right)} ≒ 9.97\text{年}$$

注　月額保険料16,520円（令和5年度）× 12カ月× 40年＝ 7,929,600円

でき、支払い保険料を上回ります。

　20年間、老齢基礎年金を受給すれば、支払った保険料の約2倍を回収できます。

　厚生年金保険料は、収入によって個人ごとに異なっていますが、支払い保険料を回収できる期間についての基本的な考え方は同じです。

老齢厚生年金

　老齢厚生年金を受けるための要件があります。厚生年金の加入期間が1カ月以上あること、老齢基礎年金の受給資格期間10年以上を満たしていること、65歳に達していることです。

　厚生年金・共済年金に加入したことのある人が、受給資格期間を満たして65歳になると、老齢基礎年金と老齢厚生年金が支給されます。老齢厚生年金は、加入期間中の給与、および賞与の金額と加入期間によって計算されます。

加給年金

　年金版家族手当ともいわれる加給年金は、厚生年金とセットで受け取る年金です。

　厚生年金の被保険者期間が20年以上ある方が、65歳到達時点で、その方に生計を維持されている配偶者、または子がいるときに加算されます。配偶者が65歳になるまで、あるいは子が18歳到達年度

の末日まで、加給年金を受給できます。

　令和5年度の支給額は、配偶者は年間397,500円、１人目・２人目の子は、228,700円、3人目以降の子は76,200円となっています。

マクロ経済スライドによる年金の給付水準の調整

　公的年金の支給額は、賃金や物価の変動に合わせて、改定されます。

　現役世代の保険料負担が、重くなりすぎないように、

・公的年金制度を支える現役世代の人数の変化

・平均余命の伸びに伴う年金給付費の増加

に応じて、年金の給付水準を、自動的に調整する仕組みを、

　マクロ経済スライド

　具体策　**マクロ経済スライド調整率**を差し引くことで、
　物価や賃金の上昇よりも年金の給付水準を低く抑える

スライド調整率の計算

① 公的年金全体の**被保険者数の変動率**の実績（過去3年度平均で毎年設定）

×

② **平均的な年金受給期間の伸び**（65歳平均余命の伸び）を勘案した一定率（**0.997**）

2023年度では

①1.000×②0.997＝0.997（▲0.3％の調整率）

（出典）　厚生労働省年金局「令和5年度の年金額改定についてお知らせします」【年金額の改定ルール】
（https://www.mhlw.go.jp/content/12502000/001040881.pdf）を基に著者が作成

と呼んでいます。

　公的年金は、賃金・物価上昇率−スライド調整率＝年金改定率
という計算のもとで、支給額が改定されています。

　厚生年金の保険料率は、標準報酬月額の18.3％で固定されています。この仕組みは、保険料の収入の範囲内に給付水準を抑える役割があります。

　マクロ経済スライドによる調整の終了時点では、標準的な世帯の年金額は、現役世帯の手取り年収の約5割になると見込まれます。

　マクロ経済スライドによる調整は、年金の支給額が前年を下回らないように発動されます。

　賃金・物価による年金改定率が、マイナスの場合には、マクロ経済スライドによる調整は行いません。

　公的年金は終身受給できますから、老後生活の頼りになります。しかし、経済的にゆとりある生活を送るためには、他にも手だてが必要となります。

遺族年金

　遺族年金は、国民年金・厚生年金の被保険者、または被保険者であった方が亡くなった時に、支給される年金です。亡くなった方によって生計を維持されていた遺族に、公的年金から支給される年金です。

遺族年金には、遺族基礎年金と遺族厚生年金があります。

遺族基礎年金

遺族基礎年金は、

・被保険者が死亡したとき

・老齢基礎年金の受給資格期間が25年以上あり、死亡日の前日において保険料納付済み期間が加入期間の３分の２以上ある者が死亡したとき

死亡した者によって生計を維持されていた「子のある配偶者」あるいは「子」に支給されます。

図19のように遺族基礎年金の年金額は、令和５年度で795,000円＋子の加算額となります。

子の加算は、第１子・第２子であれば各228,700円 、第３子以降は各76,200円です。

図 19　遺族基礎年金と子の加算

遺族基礎年金		子の加算		
年間 795,000 円	＋	第１子・第２子	年間	各 228,700 円
		第３子以降	年間	各 76,200 円

（出典）日本年金機構ホームページ「遺族基礎年金」
https://www.nenkin.go.jp/service/jukyu/izokunenkin/jukyu-yoken/20150401-04.html を基に著者が作成

　配偶者ではなく、子どものみが遺族基礎年金を受給する場合は、第2子以降について加算を行います。

　この制度において「子」とは、

・18歳に到達した年の年度末を経過していない、つまり高等学校を卒業する前までの子供

・20歳未満で障害年金の障害等級1級、または2級の子

をいいます。

　遺族基礎年金が支給される期間は、子が既定の年齢に達するまでということになります。

遺族厚生年金

　遺族厚生年金の額は、厚生年金の被保険者記録を基礎として計算した老齢厚生年金の報酬比例部分の4分の3に相当する金額になります。

　遺族厚生年金は、

・厚生年金の被保険者の方が、在職中に死亡したとき

・厚生年金の被保険者期間中の傷病がもとで、初診の日から5年以内に死亡したとき

・1級・2級の障害厚生年金を受けられる方が、亡くなられたとき

・老齢厚生年金の受給権者であった方が、死亡したとき

・老齢厚生年金の受給資格を満たした方が、死亡したとき

　保険料納付済み期間、保険料免除期間、合算対象期間を合算した

期間が25年以上ある方が、亡くなられたときに、支給を受けることができます。

　死亡日の前日において保険料納付済み期間、保険料免除期間を含み国民年金加入期間の3分の2以上あることが必要です。

　遺族ならだれでももらえるわけではなく、「亡くなった人に生計を維持されていた」という条件があります。

　生計を維持されていたというのは、その人と生計をともにしていて、かつ年収が850万円未満、もしくは所得額が655万5,000円未満の人をいいます。

　基本的には、同居していたことが必要です。

　別居している場合では、単身赴任などやむを得ない事情によるもので、仕送り等の経済的支援があったなど、生計をともにしていたことを証明できる場合は、支給が認められます。

中高齢寡婦加算

　被保険者期間が20年以上ある夫が亡くなった時、年齢が40歳以上65歳未満で、遺族基礎年金の支給要件を満たす子がいない場合の妻に支給されます。

　妻が受け取る遺族厚生年金に40歳から65歳になるまでの間、令和5年度では年額596,300円が加算されます。

　図20で、配偶者に支給される中高齢寡婦加算と、65歳から配偶

図 20　中高齢寡婦加算を受給するイメージ

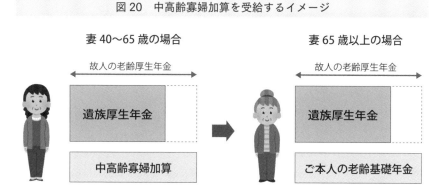

妻 40〜65 歳の場合　　　　　　　　　妻 65 歳以上の場合

故人の老齢厚生年金　　　　　　　　　故人の老齢厚生年金

遺族厚生年金　　　　　　　　　　　　遺族厚生年金

中高齢寡婦加算　　　　　　　　　　　ご本人の老齢基礎年金

（出典）　日本年金機構ホームページ「中高齢寡婦加算」
（https://www.nenkin.go.jp/service/yougo/tagyo/chukoreikafu.html）を基に著者が作成

者に支給されるご本人の老齢基礎年金の関係について説明します。

　図の左側のように、「遺族基礎年金の支給要件を満たす子」がいない場合には、遺族厚生年金に加えて、中高齢寡婦加算が支給されます。

　図の右側のように、妻が65歳になりますと、遺族厚生年金に加えてご本人に老齢基礎年金が支給されます。

　ご本人が老齢基礎年金を受給できるようになりますと、中高齢寡婦加算が支給停止となることを示しています。

② 年金見込み額をシミュレーションします

　自分で年金記録がいつでもインターネットで確認できる「ねんきんネット」サービスが日本年金機構のウェブサイトにあります。

「ねんきんネット」は、インターネットを通じてご自身の年金の情報を手軽に確認できるサービスです。

「ねんきん定期便」に記載されているアクセスキー17桁の数字を使って登録して利用できます。何歳まで働くと、公的年金は何歳からいくらもらえるのか、「ねんきんネット」を使ってシミュレーションすることが可能です。

　50歳未満の方に送られる「ねんきん定期便」では、現時点までに積み立てた年金額を確認できます。

「ねんきんネット」で、自分なりのケースを想定して、厚生年金へ70歳まで加入した場合の年金見込み額をシミュレーションできます。

　50歳以上の方の「ねんきん定期便」には、現在の加入制度、および標準報酬額で60歳まで加入した場合を仮定して、老齢年金の見込み額が表示されます。

　60歳以降も、70歳まで厚生年金の被保険者として働いた場合、納めた保険料に応じて厚生年金を増やすことができます。

　今後の厚生年金への加入状況を、色々な働き方をケースバイケースで想定して、年金見込み額をシミュレーションしてみて下さい。

③ 終身受け取れる年金を増やす

繰下げ受給

　公的年金の受取開始は、60歳から75歳の間で選択できます。原則65歳から受給する公的年金を、65歳より早く受け取ることを「繰上げ」、66歳以降に受け取ることを「繰下げ」といいます。

　繰上げ受給の減額率は、1カ月あたり0.4%、繰下げ増加率は、1カ月あたり0.7%となっています。

　公的年金を増やして受け取ることのできる繰下げ受給について、人生100年時代に重要なことですので知っておくべきでしょう。

　年金を繰り下げて受給するメリットは、受け取る年金が1カ月繰下げるごとに0.7%ずつ増えることです。

　図21のように、老齢基礎年金、老齢厚生年金ともに繰下げ受給をした時点から、5年間で42%、10年間で84%年金額を増額できます。

　65歳以降の生活費を、可能な範囲で安全資産から先に取り崩すことにより、その期間だけ受給開始年齢を繰下げることができます。

　繰下げ受給することの強みは、増やした年金を亡くなるまで受け取ることができることです。繰下げ受給により、終身で受け取れる年金を増やせば、長寿リスクへの有力な備えになります。

　老齢基礎年金と老齢厚生年金は、個別に繰下げを選択できます。また、別々のタイミングを選んで、受取時期を選択することもでき

図21　繰上げ・繰下げ受給

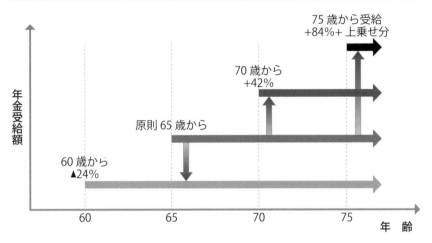

75歳から受給
+84%+ 上乗せ分

70歳から
+42%

原則65歳から

60歳から
▲24%

年金受給額

60　　　　　65　　　　　70　　　　　75　　　年　齢

（出典）　日本年金機構ホームページ「年金の繰上げ・繰下げ受給」
（https://www.nenkin.go.jp/service/jukyu/roureinenkin/kuriage-kurisage/index.html）を基に著者が作成

ます。

　繰下げ受給では「早死にしてしまった場合を想定すると、年金を繰下げることで損をしてしまうのではないか」という趣旨の指摘があります。

　年金の支給開始時期を繰下げた場合に、早く亡くなってしまうと、受給総額は65歳から受け取り始めた場合と比較して少なくなってしまうこともあります。

　繰下げた老齢年金を、いつから受給すると得をするのかは、どれだけ長生きできるかにかかっています。

　老齢基礎年金は、加入者の受給額の計算が、加入期間に従って同

図 22　老齢基礎年金の繰下げ受給の損益分岐点分析

年齢	65 歳から受給開始	66 歳から繰下げ請求	67 歳から繰下げ請求	68 歳から繰下げ請求	69 歳から繰下げ請求	70 歳から繰下げ請求
66	795,000					
67	1,590,000	861,780				
68	2,385,000	1,723,560	928,560			
69	3,180,000	2,585,340	1,857,120	995,340		
70	3,975,000	3,447,120	2,785,680	1,990680	1,062,120	
71	4,770,000	4,308,900	3,714,240	2,986,020	2,124,240	1,128,900
72	5,565,000	5,170,680	4,642,800	3,981,360	3,186,360	2,257,800
73	6,360,000	6,032,460	5,571,360	4,976,700	4,248,480	3,386,700
74	7,155,000	6,894,240	6,499,920	5,972,040	5,310,600	4,515,600
75	7,950,000	7,756,020	7,428,480	6,967,380	6,372,720	5,644,500
76	8,745,000	8,617,800	8,357,040	7,962,720	7,434,840	6,773,400
77	9,540,000	9,479,580	9,285,600	8,958,060	8,496,960	7,902,300
78	10,335,000	10,341,360	10,214,160	9,953,400	9,559,080	9,031,200
79	11,130,000	11,203,140	11,142,720	10,711862	10,621,200	10,160,100
80	11,925,000	12,064,920	12,071,280	11,944,080	11,683,320	11,289,000
81	12,720,000	12,926,700	12,999,840	12,939,420	12,745,440	12,417,900
82	13,515,000	13,788,480	13,928,400	13,934,760	13,807,560	13,546,800

（出典）　日本年金機構ホームページ「年金の繰上げ・繰下げ受給」
　　　　（https://www.nenkin.go.jp/service/jukyu/roureinenkin/kuriage-kurisage/index.html）を基に著者が作成

じなので、老齢基礎年金のみを繰下げ受給した場合で、損益分岐点を分析します。図22では、何歳になるまで繰下げた年金を受給できれば、受給総額として得になるのかという損益分岐点を表にしてみました。

　図22でわかることは、繰下げした年金額を12年間受給すると、

65歳から年金をもらっている人の受給総額を追い越します。70歳まで60カ月繰下げした場合を想定しますと、70歳から12年後の82歳で、65歳からの本来支給の年金額を追い越します。

　年金の繰下げ受給を活用して、今後の働き方を想定し、具体的にシミュレーションして年金受取見込み額を把握してみましょう。

　注意すべき点は、老齢基礎年金だけを繰下げている場合は、加給年金を受給できます。加給年金は、厚生年金とセットで受け取る年金ですので、厚生年金を繰下げている間は、支給停止となることを知っておきましょう。

本当の寿命は平均より長い

　自らの寿命までに老後資産が枯渇するリスクに備えるために、長めにライフプランニングすべきではないでしょうか。

　図23のように、人間の寿命に関するデータには、平均寿命のほかに「死亡年齢最頻値」が参考になります。

　人間の寿命をより正確に探るために、若くして亡くなった方の影響を取り除いた死亡年齢最頻値をみてまいります。

　死亡年齢最頻値は、同年齢の方の中で、死亡者数が最大になる年齢のことで、どこに死亡者数の山があるのかを把握するデータです。

　図23のように死亡者数が最大となる年齢と平均寿命では、女性で約5歳、男性で約6歳の差があります。

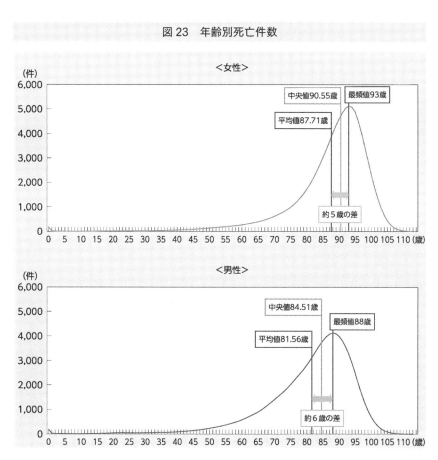

図 23　年齢別死亡件数

（出典）　内閣府男女共同参画局 男女共同参画白書令和 4 年版「令和 3 年度男女共同参画社会の形成の状況」コラム 1　（図 3）
　　　　年齢別死亡件数（令和 2（2020）年）（https://www.gender.go.jp/about_danjo/whitepaper/r04/zentai/html/zuhyo/
　　　　zuhyoc01-03.html）より引用

死亡者数が最大の年齢

	女性	男性
死亡年齢最頻値	93 歳	88 歳
中央値	90.55 歳	84.51 歳
平均寿命（平均値）	87.71 歳	81.56 歳

（出典）　上記資料を基に著者が作成

人生100年時代が近づいていることを実感しつつ人的資産、および金融資産を構築しなければなりません。

次に、働くシニアの年金こころえとして、定年後も厚生年金に加入し、年金を増やす働き方のメリットについてです。

70歳まで厚生年金に加入して働くメリット

❶ 将来受け取る年金が増える長生きに備えるための保険です

❷ 年金保険料は所得控除の対象で所得税・住民税が安くなる

❸ 加入期間中に障害を負った場合、障害厚生年金を受け取れる

❹ 亡くなった時に遺族に支給される遺族厚生年金が増える

１番目には、厚生年金に加入して働くことで、将来受け取る年金を増やすことができます。厚生年金保険料は労使折半で支払い、亡くなるまで必ず受け取れる権利がある終身年金ですから、長生きに備える保険と考えられます。

２番目には、支払った厚生年金保険料は、社会保険料控除の対象となります。

所得控除の対象となっていますので、課税される所得が計算上減りますので、所得税・住民税が安くなります。

将来の受取年金を増やすことのできる保険料を納めながら、税金を減らすことができるということです。

　3番目には、厚生年金への加入期間中に障害を負った場合には、障害厚生年金注が支給されるという点です。

　4番目には、ご本人が亡くなったときに遺族が受け取ることのできる遺族厚生年金が増えます。

　厚生年金の被保険者、または被保険者であった方が、亡くなったときに、その方によって生計を維持されていた遺族が受ける年金です。残された遺族の生活を保障するための年金を、増やすことができます。

　定年後も厚生年金に加入して、働くことのメリットを理解することは、将来のゆとりある生活に必要なことではないでしょうか。

④　健康保険を知り、医療保険を見直す

高額療養費

　高額療養費制度とは、毎月の医療費に上限を決めておき、これを超える負担が生じた場合に払い戻す制度です。

　健康保険組合、および国民健康保険には「高額療養費制度」があり、年間の収入に応じた負担の月額の上限額が設定されています。

注　障害年金については、89〜91頁で詳しく説明します

図24　高額療養費 1 カ月間の自己負担額の上限額

所得区分	本来の負担の上限額	多数回該当の場合
年収約 1,160 万円以上	252,600 円 +（医療費 -842,000 円）×0.01	140,100 円
年収約 770 万円〜約 1,160 万円の方	167,400 円 +（医療費 -558,000 円）×0.01	93,000 円
年収約 370 万円〜約 770 万円の方	80,100 円 +（医療費 -267,000 円）×0.01	44,400 円
年収約 370 万円以下の方	57,600 円	44,400 円
住民税非課税者	35,400 円	24,600 円

（出典）　厚生労働省ホームページ「高額療養費制度を利用される皆さまへ」（https://www.mhlw.go.jp/content/000333279.pdf）
を加工して作成

　図24のように医療費が家計の過度な負担にならないように、限度額は所得水準によって決められています。

　高額療養費の自己負担は一定額を超えると、それ以上は 1 ％の負担というのが、自己負担限度額の考え方です。

　シミュレーション例では、医療費が267,000円までは、通常通りに3割を支払い、それ以上に高額になった場合は、超える額の 1 ％分のみ負担します。

　事例に基づいて、高額療養費の自己負担額をシミュレーションします。

> **シミュレーション例**
>
> ● 現在 60 歳の A さんは、入院手術して医療費が 300 万円かかりました。
> ● 病室は大部屋を希望しました。
> ● 被保険者の年収は 370 万円以上〜 770 万円以下に該当する方です。
>
> 高額療養費制度の適用により自己負担額は、
> **80,100 円＋（3,000,000 円−267,000 円）×0.01＝107,430 円**

　事例に基づいて考えますと、純粋な医療費という意味で、高額療養費制度のもとでの医療費の自己負担額は、11万円弱です。この程度の負担額であれば、退職後の年金生活期であっても家計をおびやかすものではありません。

　高齢期に入りますと、長期療養を必要とする病気への不安が増加します。図24の多数回該当とは、過去12カ月間に3回月ベースで高額療養費の支給対象となると、4回目以降は自己負担限度額が下がるというものです。

　シミュレーション例で、医療費が「多数回」に該当した場合の医療費の上限額は1カ月当り44,400円です。

　健康保険組合の給付では、法的給付に加えて付加給付である一部負担還元金、および家族療養費付加金が支給される場合もあります。健康保険組合の制度で、月間医療費の自己負担の上限が数万円で済むはずなのに、高額な医療保険に加入しているケースもあります。

入院や手術等に備える民間の医療保険は、健康保険組合の法定給付、および付加給付の対象外の費用に備えるためのものと考えます。

　中年期に、固定費で負担になるのは保険料です。

　特に、民間保険会社の医療保険は、費用と効果を考えて加入の是非を検討すべきではないでしょうか。

傷病手当金

　健康保険組合から支給される「傷病手当金」について知っておきましょう。

　健康保険組合に加入する被保険者が業務以外の病気やケガで働けない時に、給与の3分の2程度が最長1年6カ月間支給されます。勤務先を病気休業中に被保険者とその家族の生活を保障するために設けられた制度です。

　病気やケガで会社を休み、事業主から十分な報酬が受けられない場合に支給されます。

　退職前から受給しているなど一定の要件を満たすと、退職後も受給が続くので長期の保障になります。

　中途出勤などで不支給期間があった場合でも、その間は含まず通算1年6カ月まで受け取れます。

　傷病手当金制度があるのにもかかわらず、医療保険に手厚く加入されているケースも見受けられます。

障害年金

　傷病手当金の支給期間である１年６カ月をすぎても働くことができない程度に、病気・ケガを負った場合に受給できる障害年金について知っておきましょう。

　障害年金は、病気やけがによって生活や仕事などが制限されるようになった場合に、受け取ることができる年金です。

図25　障害年金早見表

重い　←　障害の程度　→　軽い				
障害の程度	1級	2級	3級	障害手当金
厚生年金保険	障害厚生年金 1級	障害厚生年金 2級	障害厚生年金 3級	障害手当金
国民年金	障害基礎年金 1級	障害基礎年金 2級		

（出典）　日本年金機構ホームページ「障害年金」
　　　（https://www.nenkin.go.jp/service/jukyu/shougainenkin/jukyu-yoken/20150401-01.html）を基に著者が作成

　図25のように障害年金には「障害基礎年金」「障害厚生年金」があります。病気やけがで初めて医師の診療を受けたときに国民年金に加入していた場合は「障害基礎年金」が請求できます。

　厚生年金に加入している間に初診日注のある病気やけがで、障害基礎年金の１級・２級に該当する障害の状態になった場合について説

注　障害の原因となった病気やけがについて、初めて医師または歯科医師の診療を受けた日

図 26　障害年金の受給額

受給金額の計算方法（令和 5 年）

障害の程度	年金、及び手当金の金額	
	障害厚生年金、あるいは障害手当金	障害基礎年金
1 級	あなたの年金額×1.25＋配偶者の加給年金額 _{注1}	993,750円＋子の加算額 _{注2}
2 級	あなたの年金額＋配偶者の加給年金額	795,000円＋子の加算額
3 級	あなたの年金額（最低保障額 596,300 円）	
障害手当金	あなたの年金額×2（最低保障額 1,192,600 円）	

（注1）　配偶者の加給年金額 228,700 円
（注2）　子の加算額　第 1 子・第 2 子 各 228,700 円、第 3 子以降 各 76,200 円
　　　　　　＊子の条件　①18 歳到達年度の末日（3 月 31 日）を経過していない子
　　　　　　　　　　　　②20 歳未満で障害等級 1 級又は 2 級の障害者

（出典）　日本年金機構ホームページ「障害年金」
　　　　　（https://www.nenkin.go.jp/service/jukyu/shougainenkin/jukyu-yoken/20150401-01.html）を基に著者が作成

明します。

　その場合は、図26のように計算される障害基礎年金の 1 級・2 級の支給額に上乗せして障害厚生年金の 1 級・2 級の年金が支給されます。

　障害の状態が 2 級に該当しない軽い程度の障害のときは 3 級の障害厚生年金が支給されます。

　初診日から 5 年以内に病気やけがが治り、障害厚生年金を受けるよりも軽い障害が残ったときには障害手当金（一時金）が支給されます。

　障害基礎年金または障害厚生年金（障害等級１級・２級に限る）を受ける方は国民年金保険料が免除されます。

⑤ 資産形成への心構えを持つ

　資産形成のための３つの投資、２つ目の、持続可能なゆとりある暮らしに向けた経済的資産への投資が必要です。

　国内需要が減少し、長期的に成長期待が低下する環境では、多くの人は、退職後に備えた資産を形成する必要があります。

　人口減社会がもたらす危機に立ち向かうために、資産形成を目的として、貯蓄からリスク資産への投資へ意識を転換することです。

　投資を始めたいという方から「投資をするにあたっての、心構えは何ですか？」という質問を受けます。投資を始めようと考えている方は、どのような市場の変動に遭遇しても、あわてない、動じない心構えを持つ準備が必要です。

　あわてない、動じない心構えを持つためには、

　１つ目には、投資の目標を設定します。

　２つ目には、投資の手順を決めます。

　３つ目には、人と比較しないことです。

目標額を設定する

　自らが想い描くライフスタイルでは、公的年金以外でまかなわなければいけない退職後の生活費が、どの程度になるかを想定します。

　退職金を含めた貯蓄残高から判断して、希望するライフイベントでも優先順位を考慮し、取捨選択を適切に行い、目標額を設定します。持続可能なライフスタイルの実現に向けた、個人ごとの資産形成に対する目標額を設定する必要があります。

運用の手順を設定する

　あきらめないで、資産運用を続けるには、３つの余裕を持つことが大切です。

「お金の余裕（当面使う予定のないお金で投資する)」

「時間の余裕（長期的視点で考える)」

「心の余裕（失敗しても次の挑戦に活かす姿勢を持って臨む)」

の３つです。もし失敗しても、やり直せる余裕を作っておくことが大切です。

当面使う予定のないお金で投資する

「当面使う予定のないお金」を使って投資します。

　投資を始める際に大切なのは「当面使う予定がないお金」を見極めることです。投資したいけれども、「当面使う予定がないお金」

がないという方は、生活費の使い方、ライフイベントを見直してみ
ましょう。

　くれぐれも使い道がはっきりと決まっているお金を投資に充てる
ことはやめて下さい。

長期的視点で考える

「株式を長期保有することで、かえって損失が大きくなることはあ
りませんか？」という質問を受けたこともあります。

　投資期間を長くするほど不確定要素も増えますので、運用成果が
プラス、またはマイナスのブレが大きくなる可能性を否定できません。

　しかしながら、資産運用にあたっては、長期投資の持つメリットを、
最大限活かすことが重要なポイントになります。

　１つ目には、長期投資の持つメリットは、複利効果が得られるこ
とです。

　投資資金を運用して得られた配当などを、更に運用して増やして
ゆく複利の効果があります。投資期間が長いほど、複利効果も大き
くなる傾向があります。

　２つ目には、投資期間を長くすることで、運用成績の悪い時期と
良い時期がならされ、一年当たりの平均的な収益率は安定する傾向
があることです。

3つ目には、長期的な視点で考えると、短期的な見方や時々の傾向に惑わされることがなくなります。したがって、近視眼的な損失回避のコストを抑制できます。

「投資信託を使って代表的な世界指数（MSCI World 配当込み円ベース コスト年0.2％を前提）に20年投資したら、終了時期を1990年1月から2022年3月まで1カ月ずつずらし計387の期間で計算すると、平均で資産は4.3倍（年率7％強）に増えました」（「投資改革への3つの条件」『日本経済新聞』2022/7/3）

　長期投資で大切なことは、株式市場が大きく下落した場合でも、運用を続けることができる状態にしておくことです。

　個人投資家は、ライフサイクルに応じて、投資可能な金額も時間も自由に決めることができます。

　一時的に損失を抱えても、すぐに必要なお金でなければ、時間を気にせず回復を待つことができます。

失敗しても、次の挑戦に活かす姿勢を持って臨む

　不測の事態を避けるために、時間の分散を図り投資タイミングを分けて、コツコツと資産形成を続ける姿勢が必要です。こころの余裕があれば、今まで経験したことのない事態にも色々なことが見えてきます。確定拠出年金、少額投資非課税制度NISAを活用し、定額購入法を用いて、成功体験を積み上げて資産形成を継続して下さい。

リスクを軽減するために分散投資する

　投資には、リスクを抑える方法の一つとして分散投資という考え方があります。

　リスクを軽減する目的で、複数の金融商品への分散投資を徹底する姿勢が必要です。大きな成果を狙って１つの金融商品に集中投資を行うと、その分だけリスクも大きくなります。分散投資を行うことで、心に余裕を持って失敗しにくい資産形成を実践することができます。

人と比較しない

　持続可能なゆとりある暮らしに向けた３つの投資から、人的資産と金融資産を形成することは、自律するために必要なことです。

　仕事面で技能的に自立している人でも、周囲の人と比較するところから焦燥感に襲われたり、逆に現状に満足したりします。

　人口減社会の変化に立ち向かうために、自分で立てた資産形成ルールに従って、自らをコントロールして自律しなければなりません。

　長期・つみたて・分散投資を基本方針として、３つの余裕を持つことが、資産形成を行うための必要な心構えといえます。

　確定拠出年金や少額投資非課税制度NISAを活用して、自分自身の成功体験を積み上げることが大切なことではないでしょうか。

6章

将来にわたり
やるべきことは何か

1 人的資産の形成を怠らない

資産形成のための3つの投資、1つ目の、鍛錬を重ねてはぐくんできた得意とする分野を、デジタル化が進展する社会に適応させる投資です。

健康寿命を視野に入れて70歳まで、自らの得意とする分野を活かして働き続けるための投資が必要です。

生涯賃金を増やすための、キャリアをどう積み重ね、能力を磨くのかが、人的資産を形成するためのかなめです。

変化の激しい、不安の時代だからこそ自分の持つスキル、人的資産に頼るしか方法はありません。

働く人に要求される技術的な能力は変化し、得意な分野であっても、時代の変化に伴った能力向上のための自助努力が求められます。

企業の競争力の源泉が、物理的な生産設備から、働く人のアイデアや発想にシフトしつつあり、人的資産の重要性が高まっています。

海外で企業価値の源泉は、有形資産から無形資産に移っています。企業価値に占める無形資産の比率は、日本の3割に対して米国は7割を占めています。

米マイクロソフト社のバランスシートをみると、工場や設備などの有形資産の価値は、総資産の4%程度、時価総額のわずか1%にすぎません。

　現代を代表する世界的企業では、伝統的な有形資産よりも無形資産がより重要になっています。

　無形資産とは、特許や商標権などの知的資産、従業員の持つ技術や能力である人的資産、およびインフラ資産をいいます。

　無形資産が経済的価値の創出に貢献し、今では先進国経済の中心的な役割を果たすともいわれています。

　企業価値の源泉の重要な側面として、働く人の能力や意欲に基づく人的資産が重要であると認識されています。

　そうしたことから、仕事に対する熱意や、満足度という個人の内面に焦点があたっています。

　アイデアを出し続け、イノベーションを生み出し、成果を出す過程は、個人のやる気に依存する面が大きいといえます。

　共同体的な組織運営や強固な連帯感ではなく、仕事の柔軟性が高く自由度が高い、やらされ感の低い環境が必要です。

　新しいアイデアを形にする活動は、普段の生産活動と異なり、他の人と異なるアイデアを自由に発案しやすい環境が必要となります。自らアイデアを考え、お手本のない不確実な状況にあってチャレンジしなければ、成長は難しくなります。

　働く人が自らを、付加価値を生み出す資本と捉えて、自律して付加価値を創り出す工夫が必要です。単純労働が自動化される時代に、働く人はクリエーターにならざるを得ません。

ジョブ型雇用では、より良い労働条件で働くために、自営業に通じる働き方であり、緊張感のある専門職化、技術職化が生じています。自営業的な専門職化、技術職化から生じる企業から独立したものの見方や姿勢が、重要な役割を果たします。

　仕事の条件が複雑になればなるほど、経験という土台があるベテランにとって有利になる条件をみつけるチャンスが増えてきます。わかりやすいシンプルな戦いより、複雑で変化のある不安定な状況での戦いの方が、ベテランにとって成功を得やすいといえます。

　変化の激しい時代に現場をマネジメントできる力は貴重なものといえます。

　混迷の世界で、評価される条件は、何かに秀でているものを持っていること、それに対して継続的に投資することです。

　企業に所属していても、組織に依存することなく、新たな価値を生み出すための、自律的な仕組みづくりが求められます。

　将来にわたりやるべきことは何かという意識を持ち、絶えず変化する将来に備えます。

　年金を増やすことのできる働き方で、長く働くための準備が、退職後の家計の防衛策を講じるスタートとなります。

② 失敗しない資産運用を目指す

　資産形成のための3つの投資、2つ目の、経済的資産への投資では、目的を明確にした資産運用を行う必要があります。

　まず、目的ごとに支出を把握し、家計を管理します。

　それぞれの支出の目的に最も適した手段を選択して、必要な資金を管理することが求められます。

　図27のように目的ごとに、お金を整理してみます。

（a）食費、住宅費、光熱費、予備費（医療費）などの「日々の生活に必要なお金」

図 27　目的別に自分のお金を分類

ココを投資に！ ←

（c）当面使う予定がないお金

（b）近く使い道が決まっているお金

（a）日々の生活に必要なお金

（出典）　日本証券業協会「サクサクわかる！　資産運用と証券投資スタートブック（2022年版）」10頁「自分のお金を3つに整理すると、当面使う予定のないお金が明確になります」（https://www.jsda.or.jp/jikan/publications/files/pdf_pub_ 1-2-01.pdf）を参考に著者作成

（ｂ）教育費、車の購入・買換費、家電等の買換費などの「近く使い道が決まっているお金」

（ｃ）老後生活のための準備資金などの「当面使う予定がないお金」

　以上のように、自分のお金を、目的別に３つに分類すると「当面使う予定のないお金」が明確になります。

　投資を始める際に大切なのは、（ｃ）当面使う予定がないお金を見極めることです。

　投資はしたいが「当面使う予定がないお金」がないという方は、まず生活費の使い方を見直して下さい。

　それから、予想されるライフイベントから、優先順位を判断し、取捨選択を行うことから資金を捻出して下さい。

　くれぐれも使い道がはっきりと決まっているお金を、投資に充てることはやめて下さい。

当面使う予定のないお金を投資へ

　図27にある当面使う予定のないお金には、退職後に向けての準備資金が含まれると考えられます。

　退職後に向けた準備資金に対するような長期的な資産運用には、株式等のリスク資産への投資を基本とします。

　なぜならば、私たちが将来に向けて、すでに背負っている負債は、インフレなどの経済的リスクによって変化することが予想されます。

物価上昇率のプラスが継続し、名目金利がゼロ近くである状態では、安全資産を通じての資産形成では、目的が達成できません。

　株式市場は、上昇・下降を繰り返すことが予想されますので、目標の資金額を達成するためには、首尾一貫した投資基準が必要です。投資で失敗しないためには、低コストでリスク分散された金融商品を定期的に買い続け、忍耐強く長期的に保有し続けることです。

世界の成長企業に向けた投資が選択肢となる

　日本を代表する株価指数である日経平均株価は1989年12月に史上最高値をつけました。その後34年が経過しましたが、いまだにその水準を上回ることができていません。

　世界大恐慌の契機になった1929年ダウ・ジョーンズ工業株価平均の大暴落のケースでも、25年後の1954年には高値を更新しました。現在の日本株式の低迷は史上最長といえます。

　世界にはバブル崩壊の事例は多くありますが、日本のように1991年のバブル崩壊後、約30年も低成長が続くのは例外的です。将来の不確実なリターンより、直近の安全を重視すれば、リスクをとってアイデアを実現する機会は減退し、技術進歩は減速します。

　財務省財務総合政策研究所「法人企業統計調査からみる日本企業の特徴」から、日本の労働生産性の推移をみます。

　労働生産性とは、従業員１人当たりの付加価値額をいい、付加価

値額を従業員数で割算した数字で表されます。

　付加価値額とは、企業が事業活動によって生み出した価値を数値で表したものです。商品・サービスから得られた収益のうち、企業が生み出した価値に相当する部分を金銭的に表したのが付加価値額というわけです。基本的には、売り上げから原価を差し引いた額で、利益とほぼ同義語として扱われます。

　労働の効率性を計る尺度であり、労働生産性が高い場合は、投入された労働力が効率的に利用されているといえます。

　図28をみると、1960年から1990年頃までは、一貫して日本の1人当たり労働生産性は上昇していました。

　1990年代からは、日本の1人当たり労働生産性は、ほぼ横ばいの水準で約30年にわたり伸び悩んでいます。

　直近5年間では、日本の労働生産性は2017年739万円、2018年730万円、2019年715万円、2020年688万円、2021年度722万円と横ばい状態が継続しています（財務省年次別法人企業統計調査［令和3年度］ p .9「第7表付加価値の構成」 https://www.mof.go.jp/pri/reference/ssc/results/r3.pdf）

　日本生産性本部の労働生産性の国際比較では、ドルベースで比較した2021年の労働生産性はOECD加盟38カ国中29位と1970年以降最も低い順位です。

　その原因として、「過剰緩和の長期化が、中長期的な非効率性に

図 28　日本の労働生産性の推移

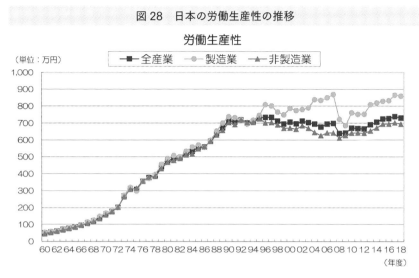

労働生産性

（単位：万円）

凡例：■ 全産業　● 製造業　▲ 非製造業

（出典）財務省 財務総合政策研究所「法人企業統計調査からみる日本企業の特徴」（4）企業の生産性 ⑱労働生産性 資料 2
（https://www.mof.go.jp/pri/reference/ssc/japan/japan02_18.pdf）より引用

つながる点だ。日本では、中立水準[注]を下回る金利が常態化した結果、本来なら淘汰されるべき不採算企業が、存続する傾向が強まっている。この点は、日本化現象の元凶ともいえる労働生産性上昇率の低下、ひいては賃金上昇率の停滞につながっている」（山川哲史バークレイズ証券調査部長「『何でもする』金融政策の代償」『日本経済新聞』2022/8/5）という指摘もあります。

　収益性の低い企業が多い環境では、金融緩和が投資などを通じて景気を押し上げる力が弱くなっています。

注　中立水準の金利とは、長期的に景気を熱しも冷やしもしない金利水準です。「景気循環の波を乗り越え、投資を継続する」の 157 頁～ 158 頁の中立金利で詳述します

企業を助けるはずの金融緩和が、日本経済全体の競争力をそぎ、日本株の低迷につながっているように思われます。日銀の金融緩和や政府の資金繰り支援で延命する企業が多くなることにより、キチンと競争力が働かない事態が生じています。金融緩和は、生産性向上に対する規律を弱める副作用がありました。10年にわたった金融緩和は、金融緩和不足が経済を停滞させる原因という誤解を解きました。金融緩和は、日本経済が抱える課題解決の脇役にすぎなかったことを示しています。金融緩和頼みでは、日本が豊かにならないことがはっきりしました。

　長期にわたって経済成長率が低いということは、需要不足による不景気ではなく、技術進歩の遅れによる低成長と考えるべきです。日本企業の長期低迷の原因については、不十分な投資によって成長がさまたげられているためだとする指摘があります。経済成長を取り戻すには、新しいアイデアをもとにした製品、サービスの開発を生み出す技術革新を加速するしかありません。技術革新を加速するために、産業の新陳代謝を進めることができるかどうかがポイントになります。

　人口減社会の進展で、国内需要が減少して、成長期待が小さくなると、設備投資需要が減少し、日本経済が停滞する危険があります。日本国内では、企業の投資不足を生んで生産性が上がらず、賃金も上がりません。

　人口減社会で経済成長を続けるには、技術革新のエネルギーであ

る働く人の能力を、人材投資で向上させる必要があります。人材投資の水準が十分であれば、持続的な技術革新を通じた生産性の向上による経済成長が可能です。

　日本は円高のもとでグローバル化の便益を享受すべく、製造拠点を海外へ移転し、海外への投資を増やしてきました。

　自動車産業では、海外への生産移管が進みました。2021年度の国内生産比率は、日産で約13％、ホンダで約15％、トヨタで約33.5％に低下しています。

　日本の輸出力は低下して、海外の影響を受けやすく、世界の景気に敏感に反応しやすくなっています。かといって、日本企業の国内生産回帰を促すのは難しく、少子化が進む中で、国内労働力を確保するにも不安が残ります。

「今の若い世代は普通に働いていると低賃金に陥りがちで、上の世代よりも低収入になりやすい」（日本総研藤波匠上席主任研究員日本経済新聞　2022/06/28）という指摘があります。

　自分は親世代に比べて豊かになったかの問いに、61.1％の人が豊かになっていないと答えています（縮小ニッポン　私たちの本音　日本経済新聞　2022/11/22）。

　人口減社会で豊かな生活を実現するには、労働の生産性を高めるための変化を自分たちで作り出していくしか手段はありません。

　失われた30年といわれる低成長が継続する中では、成長体験を持

たない人であふれています。

　成長体験を持たないのだからリスク回避に傾斜し、将来不安から貯蓄することのみを重視するのは無理からぬことかもしれません。

　低金利の続く中で、元本確保型の預金等の運用では、目標とする退職後に向けた資産形成を図ることは、難しくなっています。世界の成長産業の株式へ向けた分散投資が、選択肢となっているのではないでしょうか。

定額購入法（ドルコスト平均法）を活用する

　株式市場は、図29のような国内外の国際情勢・経済状況が変化す

図29　株価の変動要因はさまざま

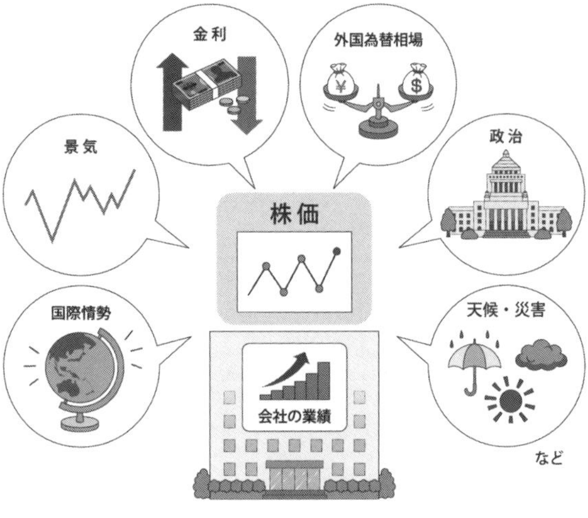

（出典）日本証券業協会「サクサクわかる！　資産運用と証券投資スタートブック（2023年版）」33ページ「株価はさまざまな要因により動きます」（https://www.jsda.or.jp/jikan/publications/files/pdf_pub_1-2-01.pdf）より引用

るなどの様々な要因で、短期間で急騰したり、急落したりします。90年代の日本のバブル崩壊、ITバブル崩壊、リーマン・ショック、コロナ・ショックによる経済不況が株式市場の暴落を引き起こしました。

　投資のタイミングにより、投資成果は変わることが予想されますが、株式市場の変動のタイミングを完全に予想することは困難です。日々の市場の動向に合わせて投資をするのではなく、下がっても耐えられる仕組みのもとで投資して、じっくり持ち続ける姿勢が必要です。

　このような理由から、定額購入法での積み立て投資のような投資手法のもとで、長期・つみたて・分散投資を目指します。

　図30のように、1月に1口当たりの価額が1万円のケースでは、2万円で2口購入できます。

　1口当たりの価額が、8カ月後の9月に2,000円まで下落したケースでは、2万円で10口購入できます。

　図30のように、毎月2万円分を定期的に購入すると、1月は2口、2月は約2.22口、3月は2.5口、4月は約2.86口、5月は約3.33口、6月は4口、7月は5口、8月は約6.67口、9月は10口を購入できます。

　1月から9月末までの購入合計金額は18万円で、購入合計口数の38.54口で割り算した平均購入価額は4,670円です。

　価額が、1月の1万円から9月の2,000円まで値下がりした場合で、単純に平均化した6,000円より平均価額が低くなることがわかります。

　これまで世界の株式市場は、突発的な経済事件・自然災害などの

図30 定額購入法での投資事例

毎月2万円ずつ1年間つみたて投資したケース　（注）投資信託の価額が、当初1万円の場合

	1月	2月	3月	4月	5月	6月	7月
価格の推移	10,000円	9,000円	8,000円	7,000円	6,000円	5,000円	4,000円
購入口数	2.00	2.22	2.50	2.86	3.33	4.00	5.00

	8月	9月	10月	11月	12月	購入合計口数	評価額
価格の推移	3,000円	2,000円	3,000円	4,000円	5,000円		
購入口数	6.67	10.00	6.67	5.00	4.00	54.25	271.250

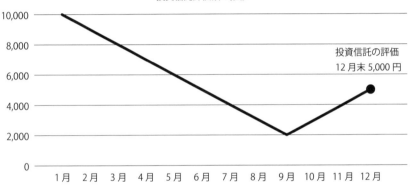

投資信託評価額の推移

投資信託の評価
12月末 5,000円

（出典）　金融庁ホームページ「投資の基本」時間の分散（https://www.fsa.go.jp/policy/nisa2/knowledge/basic/index.html）を加工して作成

（図30の事例）投資信託を定額購入法で購入したケース

① 定期的に毎月1万円を12カ月間にわたり積み立て
② 投資信託の価額が、1月の1口1万円で購入後から続落して
　 9月に2,000円まで下落
③ 10月から12月にかけて5,000円まで回復

予期せぬ出来事から上昇・下降を繰り返してきました。

　図30では、投資信託の価額が10月から12月までに、9月の2,000円から5,000円まで回復したケースを想定しています。

　1月から12月までの購入合計口数は54.25口ですので、購入額24万円を割ってみると、平均購入価額は約4,424円に低下しています。

　図30で、投資の評価額を計算しますと購入合計額24万円に対して、12月末の評価額は271,250円で、評価益となっています。

　定額購入法は、値上がり・値下がりする投資信託の価額変動リスクを軽減させるために、毎回一定額ずつを買い付ける方法です。

　購入額を一定にすることで価額が安い時は口数を多く、価額が高い時は口数を少なく購入することになります。

　サラリーマンの月給は、定期的で金額もほぼ同じですので、定額購入法が最も適した資産運用といえます。

　定期的に一定額を投資するという定額購入法で、何が期待できるのかを考えます。

　価額が安くなった時に、より多くの口数を購入することで、単純に平均化した場合より、平均購入価額を低下させることができます。

　複数回に分けて一定額ずつを投資することで、予測できない価格の急騰や急落の影響を、和らげることが期待できます。

　株式や為替の市場では、時には急騰や急落も起こり、投資している資産額が大きく上下することもあります。

株式等のリスク資産への投資では、1回あたりの投資金額などで、安全資産とは違う配慮が必要です。

　退職金などでまとまったお金ができたとしても、一時にたくさんのお金を投資しないのが鉄則といえます。

　定額購入法は、必ず利益を出す方法でも、大きく儲けるための方法でもありません。ただ機械的に、購入することで、リスクを抑える効果が期待できる手法です。

投資対象を分散する

　当面使う予定のないお金を使って投資するとしても、リスクはできる限り抑えるべきです。

　投資先を1つに集中させるのではなく、複数の投資対象に分散させることで、リスクを抑えて万一の損失を最小限に抑えます。

　投資の世界の合言葉に「ひとつのカゴにすべての卵をもるな」という分散投資の格言があります。この例えは、投資の世界の合言葉として知られているもので、カゴは投資対象のことを表して、卵は投資資金のことを表しています。

　図31の事例1のように、すべての卵を一つのカゴにもると、そのカゴを落としてしまった場合、そのカゴにあるすべての卵を失います。

　図31の事例2は、複数のカゴに分散した場合についてです。一つのカゴを誤って落とし、そのカゴの中の卵を失った場合でも、他の

図31　万が一の損失を最小限に抑える

（事例1）1つのカゴにすべての卵をもったケース
投資対象が1つの場合

（事例2）複数のカゴに卵をもったケース
投資対象を分けた場合

（出典）　日本証券業協会「サクサクわかる！　資産運用と証券投資スタートブック（2023年版）」25頁「万一の損失を最小限に抑えるために、投資先を「分散」させる。」（https://www.jsda.or.jp/jikan/publications/files/pdf_pub_1-2-01.pdf）を一部引用

カゴの卵は影響を受けません。

　仮に、損失を被るような状況が出現したとしても、その損失は最小限に抑えようという考え方です。

　長期的に見れば、景気循環の不況局面では、投資先企業が破綻してしまうリスクを否定できません。

　個別企業の投資リスクを適宜正確に把握することは、企業調査を専門とするアナリストでも難しいことです。あらかじめ投資対象を分散することで、安定したリターンをもたらすと共に、よりリスク

の低い資産配分を実現することができます。

投資リスクを低下させる組み合わせ

　分散投資の考え方の中で、資産の分散の際に重要な要素となるのは、異なる値動きをする資産・金融商品を組み合わせることです。お互いに違う値動きの要素を持った金融商品を組み合わせて投資することで、分散投資の効果が高まります。

　例えば、株式投資で自動車関連の会社の株式を複数購入した場合を想定します。

　確かに分散はできていますが、同じ業界の同じ商品を扱っている会社であれば、値動きの要素も共通するものが多いと想像できます。

　複数の銘柄が同じような値動きをするのであれば、投資の対象を分散した効果が薄れてしまいます。

　企業収益に影響を与える要素が異なる銘柄同士を、組み合わせて投資することで分散効果がより大きく発揮されます。

　例えば、国内製造業関連の輸出企業とは、為替変動に関する異なるリスクとリターンの特性を持った、

　　・電気・ガス・製紙・食品といった原材料の多くを輸入に頼る内
　　　需型企業
　　・輸入製品の小売り企業

などに投資する場合は、銘柄を分散する効果が高まると考えられます。

　このような考え方に基づいて、投資の対象となる銘柄の分散をはかります。

　個別の銘柄の持つ、リスクを分散させることにより、リスクと上手に付き合うことができると考えられます。

　国や地域が異なれば、産業構造にも大きな違いがあり、違う値動きをする銘柄を組み合わせて、グローバルに投資先を分散できます。分散投資することで、1つの国の投資対象が値下がりしても、他の国の投資対象が値上がりしていれば、リターンを平準化できます。

　アメリカを例にとっても、日本とは産業構造にも、社会的風土にも、経営者の行動様式にも違いがあります。

　インターネット上の、ウクライナのフェドロフ副首相とアメリカSpaceX社のイーロン・マスクCEOのやり取りに興味を惹かれました。

　2022年2月27日、ウクライナのフェドロフ副首相が「ウクライナに衛星インターネットサービスStarlinkを提供して下さい」とイーロン・マスクCEOへ要請しました。

　そのわずか10時間後、イーロン・マスクCEOはツイッターで「ウクライナでSpaceX社のStarlink衛星ネットワークサービスを開始した」とメッセージを発しました。

　衛星インターネットサービスStarlinkの技術力が高いだけでなく、イーロン・マスク氏の経営判断がスピーディーであることを示しています。

社会風土や環境が異なれば、異なった経営感覚が生み出されます。そこから新事業が生み出され、新たな投資対象が期待できることをいっています。

ポートフォリオ運用が重要です

資産を、株式や債券、不動産といったさまざまな金融商品に分散して運用することをポートフォリオ運用といいます。

値動きの異なる金融商品を組み合わせる分散投資には、値動きが異なる部分が互いにリスクを打ち消しあい全体のリスクを軽減するメリットがあります。

ポートフォリオ運用を行う目的は、資産運用のリスクの軽減を図ることです。資産運用では、異なる資産に投資する際の配分比率が、運用成果に大きな影響を与えます。

あくまで、自らの資産形成を考える場合は、第4章で詳述したように、人的資産と金融資産の組み合わせの枠組みで捉えます。

それぞれのライフサイクルの段階で、目的に適う金融資産を用いてポートフォリオを構築します。

株価指数の力を活用する

株価指数に沿った運用を目標とした投資信託のことを、インデックスファンドと呼んでいます。

　株価指数は、株式市場の状況を示すために、個々の株価を一定の計算方法で総合し、数値化したものです。継続的に算出・公表しています。投資家が相場全体を把握する「ものさし」として活用され、投資信託を運用する上でのベンチマーク注1として用いられます。資産運用を行う上で、世界の経済成長と景気を先取りする株式市場の動きを的確に捉えるために、株価指数は重要な存在です。

　MSCI注2オール・カントリー・ワールド指数は、先進国23ヵ国と新興国24ヵ国の大型株・中型株が対象で、世界の投資可能な株式の85％をカバーしています。

　MSCIワールド指数は、世界の地域・国・業種・銘柄に幅広く分散され、日本を含む先進国23カ国の株式市場全体の動向を反映します。

　MSCIコクサイ指数は、MSCIワールド指数から日本を除く先進国22カ国の株式市場の株価動向を反映します。

　S&P500指数注3は、米国の主要産業を代表する500社により構成され、米国株式市場の時価総額の約80％をカバーしています。

　ナスダック100指数は、ナスダック注4に上場する、金融銘柄を除く、

注1　ベンチマークとは、金融、資産運用や株式投資における指標銘柄など、比較のために用いる指標を意味します

注2　MSCIとは、「モルガン・スタンレー・キャピタル・インターナショナル社」の英語の頭文字をとったもので、同社が算出・公表する株価指数の総称を「MSCI指数」と呼んでいます。MSCI指数は世界の多くの投資家や投資信託などの運用の基準として採用されています

注3　S&P500指数は、アメリカの金融情報会社である スタンダード・アンド・プアーズ ダウ・ジョーンズ・インデックスが算出しているアメリカ市場の株価指数です

注4　ナスダック（NASDAQ）は、全米証券業協会が運営している株式市場の名称で、米国の代表的な株式市場の一つです

時価総額上位100銘柄の時価総額加重平均で算出される株価指数です。

インデックスファンドを選ぶということは、ベンチマークである株価指数を選ぶということです。

インデックスファンドは、ベンチマークである株価指数に採用されている銘柄に投資します。

インデックスファンドに投資することで、ベンチマークである株価指数の採用銘柄に分散投資するのと同じ効果が得られます。

株価指数に連動を目指す運用をするため、会社調査などのコストが少なく、比較的低コストで運用成果が得られます。

世界三大投資家としてよく知られる米国のウォーレン・バフェット氏は、インデックッスファンドの長期保有を勧めています。ウォーレン・バフェット氏は「プロでない人々が目指すべきなのは、株式市場で個別の勝者を当てることではない」としています。個別銘柄の割安・割高、リスクとリターンの関係を的確に判断するのは、プロのアナリストでも難しいことです。これからNISAを始めようとする人にとっては、インデックッスファンドの長期保有が選択肢となります。分散投資の効果をもつ株価指数の力を、持続可能なゆとりある暮らしに向けた投資の2つ目の経済的資産への投資に取り入れます。

コア・サテライト運用

図32のコア・サテライト運用とは、安定運用の部分と、中核とな

図32　コアとサテライトと安定運用に分散

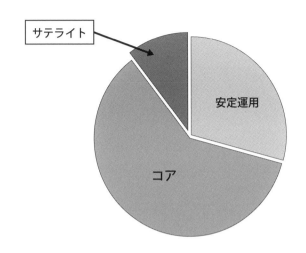

（出典）著者作成

るコアの部分に、補完するサテライトの部分を加えて運用すること
です。ポートフォリオ運用の1つの形です。

　中核となるコアの部分とは、長期的に安定した運用を継続するた
めの金融資産の土台を形成するものです。

　資産の安定的な成長を目指す部分で、低コストで広範囲にわたる
分散投資を行っている投資信託を活用します。

　分散投資の手法で、安定運用の部分と、コアの部分と、リスクを
高めたサテライトの部分とに役割を分けます。

　ポートフォリオ全体として、過度なリスクを回避しながらリター
ンの上積みを目指します。コア・サテライト戦略の安定運用部分に
は、株式等のリスク資産とは異なるリスクとリターンの特性を持っ

た資産を組み入れます。

　コアの部分は、リスクを抑えつつリターンを獲得するためにグローバルな株価指数に連動するETF（上場投資信託）注での運用が候補です。

　サテライトの部分は、中核となるコア部分よりも、高いリターンを目指して積極的に運用する部分です。

安定運用部分のポートフォリオ

　安定運用部分は、金利上昇による債券価格の下落リスクに対応できる個人向け変動金利10年国債が候補です。

　図33のように、個人向け変動金利10年国債は、10年固定利付き国債の実勢金利の変動に合わせて、半年ごとに適用利率が変動します。金利が変動する仕組みで、その都度受け取る利子の金額が増減します。

　適用利率は「基準金利×0.66（ただし、下限は0.05％）」として算出されます。基準金利は、利子計算期間の開始日の前月までの最後に行われた、10年固定利付国債の入札の平均落札価格で計算される複利利回りです。

　図34のように短期金利は、現状の景気や物価の見通しに基づいて、日本銀行の金融政策などによって決まります。

　長期金利は、経済の基礎体温ともいわれ、景気が悪くなれば低く、

注　ETF（上場投資信託）については、123頁で詳しく説明する

図 33　変動 10 年国債の金利変動のイメージ

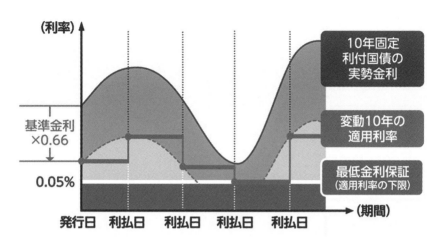

（出典）財務省ホームページ「変動 10 年の商品概要　金利変動のイメージ」
（https://www.mof.go.jp/jgbs/individual/kojinmuke/main/outline/hendou/index.html）より引用

注　グラフはイメージであり、今後の金利状況を予測するものではありません

図 34　長期金利の一般的な決まり方

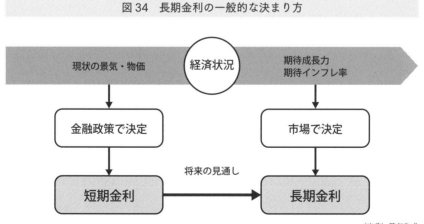

（出典）著者作成

景気が良くなれば高くなるという傾向にあります。

　長期金利は、予想される経済成長率、短期金利の推移、物価の変動から予想されるインフレ率をもとに、長期的な予想で変動します。基本的には、金融市場の長期資金の需給関係によって決まります。

　日本の長期金利が上昇する場合には、個人向け変動金利10年国債の適用利率も上昇するメリットがあります。

コアな部分のポートフォリオ

　コアな部分では、中核となる中長期的に安定収益を期待して運用できるリスク資産を保有します。

　バートン・マルキール教授[1]は、長期的なリターンが期待できる唯一の方法は、インデックスファンドへの投資であると結論付けています。

　投資戦略は単純明快です。個人銘柄に投資するよりも、幅広い銘柄に分散投資したインデックスファンドを保有する方が良い結果が得られるというものです。コアな部分のポートフォリオをインデックスファンドにしておけば、分散投資の効果からリスクを軽減できます。広く分散投資されたインデックスファンドを長期保有するこ

注1　Burton Gordon Malkiel アメリカの経済学者で、1973 年に上梓された『A Random Walk Down Wall Street』（邦題：ウォール街のランダムウォーカー 株式投資の不滅の真理）は投資のための書籍としてロングセラーとなっている。
注2　過去のトレンドやデータによって、将来の値動きや方向性を予測することは不可能であるという理論

とが最良の投資法としています。株価の動きは予測不能というラン
ダムウォーク理論注2に基づいて、インデックス投資の優位性を主張
します。市場平均のポートフォリオは、プロのアナリストの運用す
るものと変わらないパフォーマンスを上げることができるとしてい
ます。低コストで市場平均のリターンが狙えるインデックスファン
ドに投資するのは非常に賢い選択肢ではないでしょうか。

ETF（上場投資信託）

　ETFとは、証券取引所に上場し、主に株価指数などに代表される
指数への連動を目指す上場投資信託です。
　Exchange Traded Fundの頭文字をとってETFと呼ばれていま

図35　ETFと一般的な投資信託の違い

	ETF	一般的な投資信託
購入窓口	証券会社	各投資信託の取扱いがある証券会社、銀行などの販売会社
購入価格	その時々の取引価格	基準価額(1日に1つ)
注文方法	成行・指値注文が可能	基準価額がわからない状況で購入・換金の申し込みを行う(ブラインド方式)
購入する際の手数料	証券会社ごとに手数料は異なる	投資信託ごと、販売会社ごとに手数料は異なる
信託報酬	一般的な投資信託より低い※	一般的にETFより高い

※ETFは一般的な投資信託と比べて、次のような理由から信託報酬が低くなっています。
・一般的な投資信託と異なり、信託報酬のうち販売会社に支払う部分が少ない
・株価指数など指標への連動を目指す運用をするため、会社調査などのコストが少ない

（出典）日本証券業協会「サクサクわかる！　資産運用と証券投資スタートブック（2022年版）」P61「ETFと一般的な投資信託の違い」より引用（https://www.jsda.or.jp/jikan/publications/files/pdf_pub_1-2-01.pdf）

す。ETFは、証券取引所を通じて株式への投資と同じように自由に取引ができます。証券取引所が開いている時間帯では、リアルタイムな値段で売買ができます。

図35では、ETFと一般的な契約型の投資信託との違いの要点を説明しています。株価指数などの特定の指標への連動を目指す運用を行うため、運用会社における企業調査などのコストが少ないという特徴があります。

ETFは、一般的な投資信託と異なり、運用管理費用である信託報酬の内で販売会社へ支払う部分がありません。

ETFの投資対象となる株価指数は、数多くの銘柄で構成されていますので、個別企業の持つリスクを軽減することが可能です。

株式指数連動型ETF

株式指数連動型ETFの代表的なものとして、日経平均株価指数に連動するETFがあります。

日経平均株価指数は、株式会社日本経済新聞社が発表する株価指数です。東京証券取引所プライム市場に上場する銘柄のうち株式市場を代表する225銘柄を対象に算出されます。

日経平均株価指数に連動するETFは、日経平均株価指数の値動きとほぼ同じ値動きをするように運用されます。

このETFを保有することで、日経平均株価指数採用銘柄に投資を

行っているのとほぼ同じ効果が得られます。

　国内の代表的な株価指数採用銘柄の平均配当利回りは、

・日経平均採用銘柄の単純平均配当利回り　約2.07％

・東証プライム市場の加重平均配当利回り　約2.42％

となっています。（2023年5月末現在）

　高配当株で構成するETFへ投資することで、配当利回りの確保を目的として、中長期的な安定収益を期待することもできます。

・日経平均高配当株50指数　指数配当利回り約4.51％

（2023年5月末現在）

　日経平均高配当株50指数は、日経平均株価の構成銘柄のうち、予想配当利回りの高い原則50銘柄で構成される株価指数です。日経平均株価指数に採用されている銘柄ですので、財務基盤や収益力が安定している企業であると想定できます。株価の動きは不安定という前提で考えても、配当収入を確保できれば、中長期的な運用収益の下支えが期待できます。企業の配当予想は株価ほど変動しないため、比較的安心感があります。

　欧米企業との比較でみると「日本の上場企業の配当総額を純利益で割った配当性向注は33％程度となっています。

　欧米企業の配当性向は2021年度までの10年平均で48％程度に

注　会社の最終的なもうけである純利益からどれだけ株主に配分したかを示す指標で配当総額を純
　　利益で割って算出

なっています」(『日本経済新聞』2022/6/18)

　物言う株主とみられる機関投資家を表す、信託銀行と外国法人などの保有比率は、2000年の36％から53％に増えました。

　日本企業は欧米企業との比較でみれば、内部留保に向ける部分を減らし労働分配率を引き上げ、配当性向を高める余地があります。

　収入が支出を上回る資産形成期に比べて、支出が収入を上回り資産が減っていく年金生活期では、配当の重要性は大きくなります。配当の収入割合を高めることは、年金生活期の資産運用にとって、現実的な観点から意義があります。

海外株式指数に連動するETF

　株式投資では、特定の国や業種に限定せずに、世界に幅広く銘柄を分散することが選択肢となります。

　MSCIコクサイ指数注は、日本を除く先進国22ヵ国に上場する大・中型株を対象にする先進国の株価動向を示す代表的な指数です。

　図36は、MSCIコクサイ指数の推移です。

　2013年以来10年間で2.5倍程度に上昇していることがわかります。

　先進国株式全体を対象とする「MSCIワールド指数」から日本の国別比率6.28％（2023年4月）を除いて構成されています。先進国22カ国に上場する大・中型株を構成銘柄として、各国の浮動株調整時価総額の約85％をカバーしています。日本から見た「外国株式」

図 36　MSCI コクサイ指数の推移

（出典）　Investing.com MSCI Kokusai World ex Japan Net（https://jp.investing.com/indices/msci-kokusai-world-ex-japan-net-historical-data）過去のデータを基に著者が作成

図 37　MSCI コクサイ・インデックス国別構成比率

国名	配分比率
アメリカ	72.14%
イギリス	4.65%
フランス	3.93%
カナダ	3.93%
スイス	3.16%
その他の国・地域	12.55%

（出典）MSCI コクサイ指数（ドルベース）ファクトシート 2023/4 末現在を参考に著者が作成

注　米国モルガン・スタンレー・キャピタル・インターナショナル社（Morgan Stanley Capital International）が算出の株価指数

を捉える代表的なインデックスの一つです。

　外国株で運用を行う日本の機関投資家や運用会社でベンチマークとして広く利用されています。

　浮動株ベースの時価総額加重平均方式で算出されて、機関投資家が運用の目安とする代表的な株価指数です。

　図37の国別構成をみると、米国への投資比率が大きくなっているという特徴があります。MSCIコクサイ指数（為替ヘッジなし）に連動するETFは、日本を除く先進国の成長期待を取り込んで、分散投資する役割を果たすと考えられます。

J-REIT（上場不動産投資信託）

　コア部分の運用の、候補の1つとして、知っておきたいJ-REIT（上場不動産投資信託）があります。

　「Real Estate Investment Trust」の略で、日本ではJAPANのJをつけてJ-REITと呼ばれています。

　図38のように、J-REITは株式会社でいう株式に当たる投資証券を発行し、投資する投資家は投資証券を購入します。

　金融機関から融資を受け、または社債に当たる投資法人債を発行して、資金調達をすることもあります。

　投資家から集めた資金で、オフィスビルや商業施設、マンションなどの不動産を購入し、その賃貸収入や売買益を投資家に分配します。

図38　J-REIT の運用の仕組み

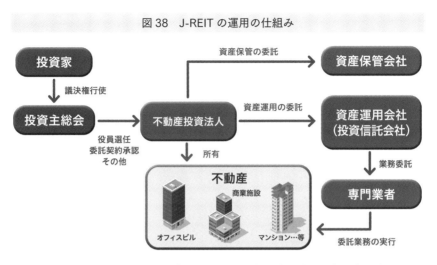

（出典）一般社団法人投資信託協会 発行・編集『わかりやすいリートガイド（2022年版）』ガイドブック（https://www.toushin.or.jp/guidebook/）の p.3「REIT の運用の仕組み」を一部引用

　通常の株式会社では、会社があげた税制上の所得に対して法人税がかかります。そして、次の事業に向けた内部留保を差し引いて、残りの部分を原資として配当金を支払います。

　J-REIT の場合は、収益の90％超を分配するなどの一定の条件を満たせば、法人税がかからず、収益が分配金となります。

　一定の条件を満たす投資法人が、税法上の所得の90％超に相当する額を、分配金として投資家に支払うならば、分配金に相当する額を法人税法上注の経費として計上することができると定めています。

注　根拠条文は租税特別措置法第67条の15

株式等に比べ、利益のほとんどを投資家に分配する仕組みで、分配金を出しやすい金融商品といえます。

　実際の不動産そのものに投資するのと同様に、不動産からの収益を毎期の分配金で受け取ることが可能です。

　現在上場しているJ-REITの61銘柄の平均予想分配金利回りは、約4.04%（2023年5月末）となっています。

　東京都心のオフィスビルを投資対象とするJ-REITは、日本が進化し続けるための要素が集中していることから、安定した利回りを期待できる可能性があります。

サテライトの部分のポートフォリオ

　サテライトの部分は、ある程度のリスクをとって、ポートフォリオ全体として市場平均に勝つ可能性を追い求める役割を目指します。ポートフォリオ全体のリターンの向上を、促進する役割を持っています。

　サテライト部分の運用としてAlphabet(Googleの親会社)・Apple・Meta・Amazon・MicrosoftのIT大手5社などを含むNASDAQ-100指数に連動するETFが、候補の1つとして挙げられます。

NASDAQ-100指数について

　NASDAQ-100指数は、ナスダック証券取引所に上場している3,000銘柄のうち、時価総額の大きい100社で構成される指数です。

米国内での上場がナスダックのみで、上場して2年以上が経過して
いて、金融会社でないことが主な組み入れ基準となっています。

　金融銘柄を除いた株式市場が、どのような成果を上げているのか
を、知りたい投資家にとって参考になる指数です。

　米国に限らず世界中の企業が指数の選定対象となっている
NASDAQ-100指数で、世界中のハイテク企業の動向を把握できま
す。2022年末現在では、米国93社、中華人民共和国2社、オラン
ダ2社、イギリス1社、オーストラリア1社、アルゼンチン1社、
カナダ1社で構成されています。

図39　Nasdaq100指数の2007年末からの推移

（出典）　yahoo! Finance Nasdaq100 histrical DATA を基に著者が作成
Nasdaq 100 Jun 23 (NQ=F) Stock Historical Prices & Data - Yahoo Finance

図39のように、リーマン・ショック後の2011年からみても7倍程度に上昇しています。

　IT関連企業の業績の変動が激しいことから、株価指数の変動が、大きいことが特徴となっています。

　世界のテクノロジー企業は、ビジネスや生活面の利用価値を高めようと技術・サービスの開発を続けています。

「メタバース事業は、2024年には100兆円以上の市場規模が見込まれています」（『日本経済新聞』2022/5/27）

　ゲーム・教育・医療等の現場では、サービスやコンテンツが一つの仮想空間内で提供されるメタバース技術の導入が進んでいます。

　メタバースの世界は、AR（拡張現実）・VR（仮想現実）・MR（複合現実）などの最先端技術で実現化されつつあります。金融引き締めの逆風の中で、苦闘は当面続くと見込まれますが、成長投資にひるまない米巨大IT企業がいます。

　図40に、NASDAQ-100指数に採用されている銘柄で、純資産比率上位10銘柄を表示しました。いずれも、成長業種の中でトップクラスの企業であり、株価動向のみならず、成長企業がたどる帰趨にも興味がもてます。

　NASDAQ-100指数に選定されている企業は、テクノロジー・テレコミュニケーション・バイオテクノロジーなどで、米国に限らず世界中の企業が指数の対象となっています。

図 40　NASDAQ-100 指数の純資産比率上位 10 銘柄

	銘柄	純資産比率
1	MICROSOFT CORP	13.16%
2	APPLE INC	12.48%
3	AMAZON.COM INC	6.55%
4	NVIDIA CORP	5.08%
5	META PLATFORMS INC-CLASS A	4.01%
6	ALPHABET INC-CL A	3.80%
7	ALPHABET INC-CL C	3.77%
8	TESLA INC	2.95%
9	PEPSICO INC	1.97%
10	BROADCOM INC	1.95%

（出典）NASDAQ100 指数連動型 ETF の月次レポートを参考に著者が作成（2023/4 末現在）

「もはやGAFAの存在なしに米国経済の成長はないと言ってもよい。そしてGAFAに共通するのは、既存のビジネスや社会秩序を破壊しながら新しい成長を生み出すという創造的破壊のメカニズムだ。その基礎にあるデジタル技術は、破壊的な技術革新といわれ、創造的破壊の原動力となっている」（『産経新聞』「日本の未来を考える」東大名誉教授伊藤元重　2022/9/26）

　GAFAとは、米国の主要IT企業であるグーグル（Google：上場企業名はアルファベット［Alphabet Inc]）、アマゾン（Amazon）、フェイスブック（Facebook：上場企業名はメタ・プラットフォームズ［Meta Platforms Inc]）、アップル（Apple）の4社の総称で

す。GAFAの時価総額はいずれも桁外れに高く、2021年8月末にはGAFA 4社の時価総額が、日本株全体の時価総額を超えました。

日本は、世界で注目されている生成AIの日本独自の国内開発で出遅れています。特に、生成AIの研究開発の分野で海外から後れを取っています。

政府「AI戦略会議」で座長を務める松尾豊東大教授は、AI保有国が米国を含む数か国だけとなってはいけないとしています。

日本国内での生成AI開発に必要となる設備の整備を、政府がインフラ投資として支援すべきと主張します。

国家間の競争といっても過言ではない重要事項と考えられます。

AIが雇用に与える影響では、今までにない新しい職種がたくさん出てくると考えられます。

人手不足で困っている業界では、非常に有力な解決策になります。我々の仕事の生産性を一気に上げてくれる可能性があります。

サテライトの部分は、リスクを高めても市場平均リターンを少しでも上回りたいといった思いがある場合に取り入れる考え方です。

コアの部分は、比較的値動きが緩やかなリスク資産のポートフォリオで構成します。

そのため、サテライトの部分で的確な分散ができていなくてもダメージが少ないと考えられます。

「リスクは高くしたくない」「市場平均くらいのリターンを獲得で

きれば十分」と考える方は、安定運用部分、およびコア部分のポートフォリオがお勧めです。

　世界各国には、国際競争力維持の観点から自国の産業を育成することで、比較優位な企業が存在します。

　株式などのリスク資産に投資する際は、幅広く投資対象を分散することで、リスクやコストを抑えることを目指します。

③ 確定拠出年金を活用する

　日本の年金制度については、65頁からの「1　年金を知って備える」で詳述しています。

　確定拠出年金は、企業や加入者が拠出した掛け金を加入者自らの

図41　公的年金に上乗せする確定拠出年金

自営業者・フリーランス (第1号被保険者 任意加入被保険者)	民間企業の従業員 (第2号被保険者)	公務員 (第2号被保険者)	専業主婦(夫)など (第3号被保険者)
iDeCo / 国民年金基金 / iDeCo	iDeCo / iDeCo / 企業年金(確定給付企業年金 企業型年金 など)	iDeCo / 年金払い退職給付	iDeCo
国民年金	厚生年金 / 国民年金	厚生年金 / 国民年金	国民年金

(出典) 日本証券業協会「確定拠出年金入門（2022年版）」(https://www.jsda.or.jp/jikan/publications/files/pdf_pub_1-2_02.pdf) p.3「日本の年金制度を知りましょう」より引用

判断で運用し、運用結果に基づいて、年金として受け取る制度です。

　図41のように、確定拠出年金は、公的年金に上乗せして受け取ることのできる私的年金です。

　確定拠出年金には、原則、企業が掛け金を拠出する企業型と、個人で掛け金を拠出する個人型（iDeCo）があります。

確定拠出年金の３つのポイント

◆ ポイント ①

　確定拠出年金は、毎月一定額のお金で金融商品を購入し、積み立てる年金です。

　定額購入法による積み立て時期の分散と、長期に継続保有することによって時間を味方にできる年金制度です。

　転職の際も、年金資産の持ち運びができる優れた制度です。

　図42のように、確定拠出年金の掛け金の限度額は、勤務先での企業年金への加入状況などで異なります。

　企業型の掛け金の上限は、勤務先に確定給付型企業年金、厚生年金基金がなければ、月額55,000円です。

　勤務先に、確定給付型企業年金、厚生年金基金があれば、企業型の掛け金の上限は、月額27,500円です。

　勤務先の企業年金が、確定拠出型だけなら、個人型（iDeCo）の掛け金の拠出限度額は月額2万円です。

図42　真の個性化は、中年期以降に始まる

	企業型に加入している方が個人型に加入する場合	企業型と確定給付型 (DB、厚生年金基金など)に 加入している方が個人型に加入する場合
企業型の事業主掛金(①)	55,000 円以内	27,500 円以内
個人型の掛金(②)	20,000 円以内	12,000 円以内
①＋②	55,000 円以内	27,500 円以内

（出典）一般社団法人投資信託協会 発行・編集「わかりやすい投資信託ガイド（2022年版）」(https://www.toushin.or.jp/guidebook/) 35頁より引用

　勤務先に、確定給付型企業年金と確定拠出型企業年金の両方の制度があれば、個人型(iDeCo)の掛け金の拠出限度額は月額12,000円です。

　2024年12月からは、勤務先に、確定給付型と確定拠出型の両方の制度がある場合、個人型（iDeCo）への拠出限度額は月額２万円に増えます。

◆ ポイント②

　預金、保険、投資信託などの金融商品のうちから、自分の意思で選んで加入者自身が運用指図を行います。

　加入者が将来受け取る給付の額は、選択した金融商品の運用の結果次第で決まります。

◆ ポイント③

　掛け金を拠出して積み立てた運用資金は、60歳以降でないと受け

取ることはできません。

老齢給付金の受取開始の年齢は60歳から、公的年金の繰り下げ受給に合わせて、75歳までとなっています。

図43は、確定拠出年金に加入し60歳まで毎月拠出したケースで年金を受け取るまでの流れを示しています。

確定拠出年金の運用と60歳以降になって給付を受ける場合の関係についてのイメージ図です。

右肩上がりの直線が、毎月積み立てた掛け金の累計です。

図43　加入してから年金を受け取るまでの流れ

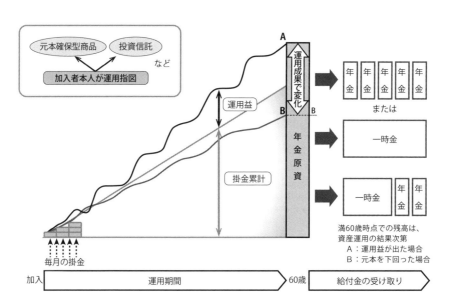

（出典）　日本証券業協会「確定拠出年金入門（2022年版）」(https://www.jsda.or.jp/jikan/publications/files/pdf_pub_1-2_02.pdf) 14頁「確定拠出年金に加入してから年金を受け取るまでの流れ（例）」を加工して作成

　直線の上下に波線がありますが、これは、積立金の運用による評価額を表しています。

　積立額よりも運用がうまくいっていれば、直線より上の波線Aのケースで運用益がでています。

　運用がうまくいっていなければ直線より下の波線Bのケースで運用損がでていることになります。

　運用成果によっては、運用益がでている波線Aのケースも、運用損になっている波線Bのケースもあるということです。

　受取方法は、①年金、②一時金、③一時金と年金の併用、の３つから選択して受け取ることができます。

確定拠出年金には、税制上のメリットがある

　確定拠出年金には、「掛け金拠出時」「運用時」「受給時」の3段階で、税制上のメリットがあります。

・掛け金全額が所得控除の対象となり、所得税、住民税が軽減されます。

　所得控除とは、所得税を計算する際に、その年に得た所得から差し引けるお金のことを指します。

　給与所得者では、毎月の掛け金が給与から控除されるので、計算上の課税所得が減り所得税・住民税として支払う税金が少な

くなります。

・運用益が非課税で再投資できます。

一般的には金融商品から発生する利子や分配金等の収益には、20.315％の税金がかかります。確定拠出年金では、運用益を非課税で再投資することができます。

・受け取る時も控除が受けられます。

年金で受け取る場合は、公的年金等控除、老齢給付金を一時金として受け取る場合は、退職所得控除という控除が受けられます。年金として受給する場合、年金は所得税法上雑所得として課税対象となります。

公的年金および一定の企業年金（厚生年金基金、確定給付企業年金、企業型確定拠出年金）等は、年齢および年金額に応じた公的年金控除額を、所得から差し引いて所得税・住民税を計算します。

一時金として受け取る場合は、「（退職金額－退職所得控除額）×1／2＝退職所得の金額」という計算式が使用されます。

退職金から退職所得控除額を差し引いた額の、半額のみが課税対象となります。

退職所得控除額_{参照}は「勤続年数20年以下は40万円×勤続年数（最低で80万円）」、「勤続年数20年以上は800万円＋70万円×（勤続年

参照　国税庁ホームページタックスアンサー No.1420　退職金を受け取ったとき（退職所得）
（https://www.nta.go.jp/taxes/shiraberu/taxanswer/shotoku/1420.htm）

数-20年)」という段階的な取り決めになっています。

　60歳まで資金の引き出しが原則不可ですので、老後のための資産形成以外の目的では利用できない仕組みです。

　確定拠出年金は、定額購入法による、つみたて時期の分散と長期保有で、時間を味方にできる年金制度です。

　老後資金のための、資産形成の手段です。

④ NISAは、恒久化、無期限化、投資枠が拡充した

少額投資非課税制度NISAを活用する

　NISAとは、投資による資産形成をより有利に行うための、個人投資家のための税制優遇制度です。

　NISAとは、簡単にいうと「少額」の「投資」が「非課税」となる制度です。投資から得られる収益には、一般的には、20.315％の税率で課税されますが、NISA口座を利用すると非課税となります。

　預貯金の利息は、NISAの対象外です。

　NISA専用口座を開設して投資した場合に、決められた範囲の金額の上場株式や株式投資信託の配当金、および譲渡益が非課税になります。少額投資非課税制度であるNISAの非課税効果を活用して、より有利に資産形成を目指して下さい。

　NISA口座では、金融商品の売却や資金の引き出しは、いつでも

自由に行うことができます。

つみたて投資枠と成長投資枠が設けられ制度は一体化

　図44のように、2024年１月スタートの新しいNISA制度は、恒久化、無期限化、投資枠が大幅に拡充されました。

図44　新しい NISA のポイント

	つみたて投資枠　併用可	成長投資枠
年間投資枠	120万円	240万円
非課税保有期間 (注1)	無期限化	無期限化
非課税保有限度額 （総枠）　　(注2)	1,800万円 ※簿価残高方式で管理（枠の再利用が可能）	
		1,200万円（内数）
口座開設期間	恒久化	恒久化
投資対象商品	長期の積立・分散投資に適した 一定の投資信託 ［現行のつみたてNISA対象商品と同様］	上場株式・投資信託等　(注3) ①整理・監理銘柄②信託期間20年未満、高レバレッジ 型及び毎月分配型の投資信託等を除外
対象年齢	18歳以上	18歳以上
現行制度との関係	2023年末までに現行の一般NISA及びつみたてNISA制度において投資した 商品は、新しい制度の外枠で、現行制度における非課税措置を適用 ※現行制度から新しい制度へのロールオーバーは不可	

（出典）金融庁ホームページ　NISA 特設サイト「新しい NISA」
（https://www.fsa.go.jp/policy/nisa2/about/nisa2024/index.html）より引用

注1　非課税保有期間の無期限化に伴い、現行のつみたて NISA と同様、定期的に利用者の住所等を
　　　確認し、制度の適正な運用を担保
注2　利用者それぞれの非課税保有限度額については、金融機関から一定のクラウドを利用して提供
　　　された情報を国税庁において管理
注3　金融機関による「成長投資枠」を使った回転売買への勧誘行為に対し、金融庁が監督指針を改
　　　正し、法令に基づき監督及びモニタリングを実施
注4　2023 年末までにジュニア NISA において投資した商品は、5 年間の非課税期間が終了しても、
　　　所定の手続きを経ることで、18 歳になるまでは非課税措置が受けられることとなっているが、
　　　今回、その手続きを省略することとし、利用者の利便性向上を手当て

　大きく変わった点の１つ目は、新しいNISAでは、これまでの一般NISAとつみたてNISAは、一つの制度に統合されました。

　これまではどちらか一つしか、口座を開設できなかったため、どちらか一つを選ぶ必要がありました。

　新しいNISAには、つみたてNISAの後継となるつみたて投資枠と、一般NISAの後継となる成長投資枠があります。

　１つのNISA口座で、１つの制度として２つの投資枠を同時に利用して投資できるようになりました。

　大きく変わった点の２つ目は、NISA制度が恒久化されたことです。

　非課税期間は無期限化されましたので、いつ売却しても非課税となります。売却時期を、これまでの一般NISAの５年間という非課税期限に左右されずに済むようになりました。同じように売却時期を、これまでのつみたてNISAの20年間という非課税期間に左右されずに済みます。

　口座を開設する年の１月１日時点で18歳になっていれば投資可能で、制度に期限がない恒久制度となりました。

年間投資枠の上限額が拡充された

　大きく変わった3つ目は、年間投資枠の上限額が大きく拡充されたことです。

　つみたて投資枠では、年間投資枠の上限額が、これまでのつみた

てNISAの3倍の、毎年120万円に拡充されました。

　年間投資枠である120万円は、購入して、その後売却した場合は、その年の年間投資枠は復活することはありません。

　120万円の上限額に達したら、それ以上の新規投資は、翌年分の年間投資枠で投資することになります。

　つみたて投資枠では、金融庁が選定した投資信託につみたて投資することにより、得られる分配金、売却益が非課税になります。

　投資対象は、「買付手数料が無料」「保有期間中にかかる管理手数料が低い」「ヘッジ以外の目的でデリバティブ取引による運用を行わない長期投資に適した投資対象」の条件に適合した投資信託です。

　この部分は、つみたてNISAとの変更はありません。

　成長投資枠では、年間投資枠の上限額がこれまでの一般NISAの120万円から、2倍の毎年240万円に拡充されました。

　成長投資枠は、一般NISAの後継制度で、上場株式、公募株式投資信託、ETF、上場REITに、投資したときに得られる分配金、配当金、売却益が非課税となります。

　年間投資枠240万円は、つみたて投資枠と同様に、購入して、その後売却しても復活することはありません。

　成長投資枠の購入方法は、つみたて枠のように、つみたてしても、一括で年間投資枠の範囲内で購入しても良いことになっています。つまり、成長投資枠でも、つみたて投資ができます。

　つみたて投資枠、成長投資枠を同時に利用することにより、合計で年間360万円まで新規投資が可能となりました。

非課税保有限度額が拡充された

　大きく変わった4つ目は、非課税保有限度額が拡充され、つみたて投資枠と成長投資枠とを同時に利用することが可能となったことです。

　つみたて投資枠と成長投資枠の合計で、非課税保有限度額は1,800万円に設定されました。

　つみたて投資枠と成長投資枠を同時に利用することが可能となります。

　非課税保有限度額1,800万円の内枠として、成長投資枠の非課税保有限度額が1,200万円に設定されました。

　つみたて投資枠と成長投資枠を合わせた累積投資額が、非課税保有限度額の1,800万円に達すると、それ以上は投資できません。

　つみたて投資枠で毎年120万円、成長投資枠で毎年240万円投資すると、5年間で非課税保有限度額の1,800万円となります。

　いいかえれば、最短5年間で、1,800万円のリスク性資産のポートフォリオを、構築できることを意味しています。

　値上がりして、時価総額が2,000万円に増加した場合でも、評価益の部分の200万円は非課税保有限度額には含みません。新規に投資した金額が、1,800万円に達しているかどうかで、非課税保有限

度額を判断します。

　金融機関に支払う手数料等は含みません。

非課税保有限度額は、売却により再利用が可能です

　非課税の限度額は、新規に買い付けした金額で管理されます。NISA口座内の商品を売却した場合、売却した商品を買い付けした時点の非課税枠を再利用できます。

　売却して非課税保有限度額が空いた場合は、その空いた非課税枠を、再利用して非課税で新規投資できるようになりました。

　1,800万円の非課税保有限度額に達したとしても、その一部分を売却して非課税枠に空きができた場合は、空いた非課税枠で投資することができます。

　当初投資した100万円分を、130万円で売却した場合を想定しますと、非課税枠が空いて、投資できる金額は100万円となります。

　売却したことによって空いた非課税枠を再利用する場合は、売却した翌年以降にならないと空いた非課税枠を再利用できません。

　NISAは、結婚資金、住宅資金、子供の教育資金とライフステージに応じて運用しながら、資産形成することができるようになりました。一度取り崩した後も非課税枠を復活でき、次のライフイベントに向けて、資産形成を再開できる柔軟な使い方が可能となりました。

成長投資枠にも、投資先に一部制約が設けられた

投資対象は、一般NISAと、おおむね、変わりません。これまで投資可能だった、デリバティブを内包した商品である「日経平均と反対の動きをする日経ベア」「日経平均の2倍の動きをする日経ブル2倍など」、および「分配金を出す毎月分配型投信」「上場廃止が決まった整理銘柄」「上場廃止の可能性のある管理銘柄」「信託期間20年未満の投資信託」には、投資できなくなりました。設計が複雑で、長期運用に向かない商品を排除する狙いがあります。

毎月分配型、信託期間20年未満、ヘッジ目的以外でデリバティブを内包する長期投資にそぐわない投資信託は、投資対象ではなくなりました。

海外赴任者の、NISA口座の取り扱い

NISA口座を利用するには、日本国内の居住者であることが条件です。海外赴任があって非居住者となった場合、NISA口座での、新たな買い付けはできません。

2019年の税制改正により、最長5年であれば、NISA口座でこれまで保有してきた資産を、非課税のまま継続保有できます。

NISA口座で資産を持ち続けるには、出国日の前日までにNISA口座を開設している金融機関に、継続適用届出書を提出することが必要です。

海外赴任先から帰国した後に、NISA口座を継続するには、帰国届出書を提出する必要があります。

資産所得倍増への期待

　2022年11月岸田首相は、資産形成の手段として貯蓄から投資への移行を促し、資産所得の倍増を実現するとしました。

　金融庁は、幅広い世代への金融教育を国家戦略として進めるため、「金融経済教育推進機構」を2024年に設置する方針を固めました。

　国家戦略として金融教育の活動を強化します。NISA制度の恒久化、非課税期間の無期限化は投資促進のエンジンとなります。

　老後の安心のために、恒久化や簡素化が図られたNISAなどの、資産形成のための制度をどう活用するかが、重要な課題です。NISAは、資産形成のための目玉プランです。

　貯蓄から投資への流れを加速させる政策を総動員し、資産形成のために貯蓄から投資へのシフトを大胆・抜本的に進めます。家計の預貯金を投資に誘導して、運用から得られる利益などで所得を増やす考えです。

　家計が保有する現預金を資産形成のための投資につなげ、企業価値向上の恩恵が、家計におよぶ好循環をつくります。

　何に投資したらよいかと迷う人は、NISAなどの税制優遇制度の対象である投資信託を活用して下さい。買付手数料が無料、保有期

間中の管理手数料が低い、ヘッジ以外の目的でデリバティブ取引に
よる運用を行わない投資信託です。

　金融資産に占める預金の割合が大きい日本では、低金利で資産所
得を増やすことができないことが、将来への不安の原因の一つです。
個人が預金を投資に振り向けることで、株式配当等の収入から家計
にプラスになります。

　家計に余裕ができれば、消費が活発になるでしょう。消費が活発
になり、収益が向上した企業は、成長分野への投資を増やしやすく
なるという好循環の創出が期待できるのではないでしょうか。

　資産形成のための３つの投資、２つ目の、持続可能なゆとりある
暮らしに向けた経済的資産への投資を促進する改正となります。

　持続可能なゆとりある暮らしに向けた資産形成のために、貯蓄か
ら世界に向けた投資へ意識を転換すべきです。

　人生100年時代の資産形成を考える際には、恒久化、無期限化、
投資枠が拡大されたNISAを活用すべきではないでしょうか。

⑤ 投資成果は、資産配分で９割決まる

　米国のG.ブリンソン教授[注1]は、運用の結果は、どの資産クラスに

注1　Brinson、Singer、Beebower　Financial Analysts Journal(May 1991)「Determinants Of
　　　Portfolio Performance」

どの程度の割合で投資するのかという決定で決まると説明します。

　ポートフォリオ運用（116頁で詳述）の成果は、90％以上は資産配分で決まるという研究内容です。

　投資のタイミングや、個別銘柄の選択の影響よりも、資産配分の影響の方が大きいと主張します。

　ポートフォリオ運用では、リスク資産にどれだけ配分するかという資産配分の選択の方が、投資の成果にとって重要だと言っています。

　株式等のリスク資産をポートフォリオで、どの程度の割合で保有するかという資産構成が、重要な選択肢となります。

　ポートフォリオ運用では、景気循環注2の複数のサイクルにわたる長期投資を考える必要があります。

　図45で、日本での過去の金融危機である、（1）日本バブル崩壊、（2）ITバブル崩壊、（3）リーマン・ショックの直前という最悪の時期から定額購入法で、つみたて投資した場合の、2021年12月末の評価額をみます。

　日本バブル崩壊直前からつみたて投資を始めた場合、米国株式へのつみたて投資の評価額は、累計つみたて額の約7.8倍になっています。

　外国株式の場合は、累計つみたて額の約6.2倍になっています。国内株式の場合は、日本バブル崩壊直前からだと、日本株の回復力

注2　153頁「景気循環の波を乗り越え、投資を継続する」で詳述する

図 45　定額購入法で毎月拠出してつみたて投資

(1)日本バブル崩壊直前から 2021 年末	
投資の基本方針	評価額
米国株式型	約 7.8 倍
外国株式型	約 6.2 倍
国内株式型	約 2.1 倍

(2)IT バブル崩壊直前から 2021 年末	
投資の基本方針	評価額
米国株式型	約 4.6 倍
外国株式型	約 3.7 倍
国内株式型	約 2.1 倍

(3)リーマン・ショック直前から 2021 年末	
投資の基本方針	評価額
米国株式型	約 3.9 倍
外国株式型	約 3.1 倍
国内株式型	約 2.0 倍

（出典）　熊紫云著「確定拠出年金では何に投資したら良いのか？」ニッセイ基礎研究所 2022 年 3 月 11 日基礎レポート（https://www.nli-research.co.jp/report/detail/id=71025?site=nli）の内容を参考に著者が作成

　が弱いため、累計つみたて額の約2.1倍にとどまっています。

　資金投入時期を分散する時間分散と、長期保有のメリットを十分享受できる長期つみたて投資について考えます。

　長期つみたて投資が可能な方は、より高いリターンを得るメリットが大きいと思われます。

　図45から、成長力の高かった米国株式へのつみたて投資が、金融危機を経過した後の、投資評価額で最も大きくなりました。

　株式等のリスク資産に定額購入法でつみたて投資することで、より効率的に資産形成することができると考えます。定額購入法のつみたて投資のメリットを享受できる人は、高いリターンが期待できる資産クラスに資金配分することが得策です。

テクノロジーを駆使したビジネスを展開している企業は、高い報酬で人材を引き付け、知識集約型のビジネスモデルで成長を続けています。

　退職後の生活のための資産形成が、効率的に図れるように、成長力が高い資産クラスに多く投資すべきです。

「2021年に日本の個人は、国内の投資信託を経由して海外株へ８兆3,000億円投資し、海外株比率を高めた。米国株が9割程度を占めたとみられる。個人マネーが海外へ向かう直接的な理由は、企業の競争力の差だろう」（『日本経済新聞』2022/6/6）

　日本では、若い世代の方を中心に、企業の国際的な競争力に注目した投資が進んでいるようにみえます。テクノロジーの変化の震源地は、今や日本ではないことがほとんどです。

　海外株で運用する投資信託で、株価指数に連動するインデックス型が主流になっています。

　ここからは、価格変動リスクの高い株式インデックスファンドに、長期つみたて投資する場合の注意点を考えます。

　株価暴落などで、資産の時価残高が減少した場合でも、慌てて安全資産などに入れ替えて、損失を確定すべきではありません。安全資産に入れ替えて損失を確定すると、その後の市場の回復過程で、収益を獲得する機会を失います。

　一時的に元本が大きく毀損しても、長期的な目線で世界的な景気循環のサイクルを考慮し、定額購入法でつみたて投資を継続します。

景気循環の景気後退局面で、しっかりとした実績のある優良株が売り込まれた場合は、割安な価格で購入できるチャンスと考えます。

　残る投資期間が短くなるにつれて、市場変動の短期的リスクを抑える重要性が増えます。

　定年年齢を契機に、少しずつ安全資産に移すなど、リスクの低い資産配分注を選択する必要が生じます。

　満足できる老後のための資産形成ができたならば、思い切って全額を安全資産に移すという判断も重要です。

⑥ 景気循環の波を乗り越え、投資を継続する

景気循環とは

　景気循環とは、景気が良い時は山、景気が悪い時は谷、といったように波のようなうねりのことをいいます。

　景気は、好景気と不景気を交互に繰り返すといわれ、これを景気循環と呼んでいます。

　図46のように、景気循環には、好況・後退・不況・回復という４つの局面が順番に繰り返し現れます。

　景気循環は、企業活動や私たちの生活に影響を与える経済活動の水

注　定年後には資産配分を見直す 173 〜 187 頁で詳述

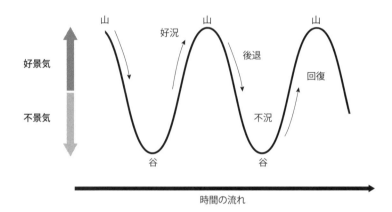

図46 好況・後退・不況・回復の4つの局面

（出典）内閣府日本経済2004「第2章 持続的回復に向けた展望 1節 景気循環の特徴とその変化」
（https://www5.cao.go.jp/keizai3/2004/1219nk/04-00201.html）の内容を参考に著者が作成

準である景気が、一定の要因で循環的に現れる変動です。好景気や不景気は、世界的に平均6年程度の景気循環という波の中で起こります。主な要因は、モノやサービス全体の価格が、上昇する、あるいは下落することで、需要が減る、増えるという変化によるものです。

景気循環を通じた、産業の新陳代謝

　低金利は、企業の市場参入を容易にする傾向があります。

　低金利で資金調達できるのだから、低収益でもリスクの小さい事業をしておけば安泰です。低金利の環境では、リスクの高い事業に、あえて挑戦することはありません。

　低金利の長期化が、非効率な企業を温存する効果があり、一国の経済全体では、生産性が停滞することがあります。

　これまでの日本のように、１％以下の金利でなければ、採算が取れないような投資をいくらしても、経済が成長するとは思えません。

　金融緩和の状態が、長く続けば続くほど経済の新陳代謝は、低下していく傾向があります。過剰緩和の長期化が、中長期的な経済全体の非効率性につながります。

　金融緩和の状況で、経済活動が活発になる好況期には、収入が増え、将来に対する期待が楽観的になることから需要が増加します。多くの企業で経営環境が改善し、経済全体の取引活動が活発になると、需要の増加を背景に物価が次第に上昇する傾向があります。需要がある穏やかな物価上昇期は、企業の売り上げ数量が維持できれば、物価上昇分だけ売上金額が増加し、経済環境は好況期です。

　物価上昇期は、企業の在庫評価方法の影響で、売上原価が低く抑えられて、会計上の利益が増える構図があります。

　仕入れの度に、平均単価を計算する移動平均法では、物価上昇前の安い原価の在庫を含んで売上原価を計算します。

「米S&P500種株価指数の採用企業の約半分は、製品が売れると最も古い在庫の原価で費用を計上する、先入れ先出し法を採用しています」（日経QUICKニュース編集委員永井洋一『日本経済新聞』2022/10/20）

Ｓ＆Ｐ500株価指数とは、スタンダード・アンド・プアーズダウ・ジョーンズ・インデックス社が算出している株価指数です。

　ニューヨーク証券取引所とナスダックに上場している銘柄から選んだ代表的な500銘柄で構成されています。

　物価上昇期に、古い在庫の原価から費用を計上する方法では、売上原価が低く抑えられてみかけ上の利益が増えます。

　物価上昇益で採算が改善し業績が堅調であっても、企業が持続的に成長を遂げていることによるものではありません。

　中長期的に資産形成を図ろうとする投資家にとっては、喜ぶべきものではありません。

　物価上昇が激しくなりインフレが進むと、現金や預貯金などの価値が目減りし、生活をおびやかすことになります。

　2022年6月の米国で、消費者物価指数は前年同月比プラス9.1％と空前の物価高が出現し、過去40年で最も高い数値を示しました。

　米国の労働市場は、2023年1月失業率がオイルショック前の1969年以来54年ぶりの低水準となる3.4％をつけました。失業率は、2月3.6％、3月3.5％、4月3.4％、5月3.7％、6月3.6％と歴史的な低水準にあります。米国では、失業率が5％を切る水準は、ほぼ完全雇用といわれます。

　完全雇用とは、現行の賃金水準で、働くことを望んでも、就業の機会を得られない労働者がいない状態です。

図 47　米 FRB の政策金利の水準と米国の中立金利

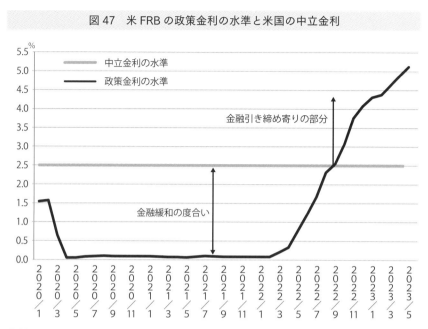

（出典）　Board Of Governors Of the Federal Reserve System（https://www.federalreserve.gov/datadownload/Format.aspx?rel
=PRATES &series=c27939ee810cb2e929a920a6bd77d9f6&lastobs=&from=&to=&filetype=csv&label=include&layout=
seriescolumn&type=package）を基に著者が作成
※　グラフ中の中立金利は米国連邦公開市場委員会のデータを参考に著者が作成

　中央銀行は、物価や雇用の安定を目的として、景気が過熱する局
面には、インフレの加速を抑えるために政策金利を引き上げます。
政策金利が、中立金利注を下回る状況では、金融緩和がもたらす効
果が大きくなります。
　図47のように、政策金利が中立金利を超えて上昇すれば、金融引

注　米国連邦公開市場委員会（FOMC）は、2022 年では、名目中立金利の水準を 2.25 ～ 2.5％と想
　　定している

き締め寄りの状態になったと考えられます。

　政策金利が中立金利を上回るまでは、景気刺激効果が残ります。中立金利とは、長期的に景気を冷やさず過熱もさせないと想定する短期金利の水準です。

　2022年米国の事例で、インフレを抑えるための政策金利の引き上げ局面は、景気循環でいえば景気拡張の後期に入ったことを示唆します。

　経済全体で見れば、初期の金利の上昇局面は景気の好況が続き、物価の上昇を伴う時期です。金融政策当局は、明確で納得できる形のインフレ鎮静化を確認するまでは、利上げに取り組み続ける意思表示をすると考えられます。

　「インフレが収まったという証拠を得るまでは、勝利宣言をするつもりはない」(パウエル米国FOMC議長『日本経済新聞』2022/6/17)

　個人消費が堅調な上に、失業率は歴史的な低水準にあります。賃金と物価の上昇スパイラルに、歯止めがかかる明確な証拠を確認できない限り金融引き締めを緩めない覚悟です。

　インフレを収束させるためには、米国経済が景気後退に陥るリスクをいとわない姿勢を見せています。

　物価抑制を目指すインフレファイターへの転換を明確にしています。インフレ予想は、企業の設備投資や個人の消費行動に大きな影響を与

えます。平均的な物価予想が、企業や家計の金融上の意思決定に、重大な影響をおよぼさないほど、十分に穏やかであることが必要です。

　中央銀行は景気や株価を犠牲にしても、インフレを完全に抑え込むまでは、金融引き締め政策を継続します。

　インフレの加速を原因に金利が引き上げられると、消費者は支出をおさえるようになります。生活必需品以外の支出を絞るようになり、将来への不安からお金を貯蓄に回すようになることで、物価は下がるというのが理由です。

　世界の投資家の注目を集めているのは、米国の金融引き締め政策が、どの程度長期化するかということです。

　日本企業は利益の大半を、海外事業から稼いでいますので、企業の収益動向は、米国を中心とする海外の景気循環に連動しています。

　金利が上昇すると金融機関は、高い金利で資金調達することになるので、企業への貸し出しで金利を引き上げます。

　米連邦準備制度理事会は、政策金利の引き上げと共に、金融の量的引き締め政策を2022年6月から開始しました。

　量的引き締め政策は、実際に世の中の経済に出回っているお金の量を減らし、供給量を減らすことにより資金の流れを細らせます。経済活動全般の水準を引き下げるために用いる収縮的な金融政策です。

　企業は、銀行からお金を借りにくくなるため、経済活動が抑制され、設備投資も手控えられます。

融資の厳格化の影響から、金融市場で資金供給が細る信用収縮は時間をかけて徐々におこります。米連邦準備制度理事会が金融引き締めを始めてから銀行が融資基準を厳格化するまで、１年ほどの時間的なずれが生じています。

　ベンチャーキャピタル_注は、投資先に的を絞って主力事業を黒字化することを、最優先するように呼びかけます。

　テック企業の将来を決定するような革新を生むには、莫大な資金を投じる必要があります。将来の成長を期待する分野に対して、外部から資金調達して成長を優先する企業にとっては転機となります。転機を迎えると企業規模の縮小が避けられません。金融引き締め期には、資金調達のハードルが上がるので、企業は生き残りを優先せざるを得ません。景気後退の局面では、企業は不採算事業から撤退することで、経営資源を収益性の高いコア事業に、集中投下する傾向があります。

　景気後退の段階に合わせて、業績悪化に対応するための企業による人員整理や事業縮小が始まります。

　景気変動の不況局面では、生産性の低い企業が、市場からの退出を余儀なくされます。

　景気循環を通じて、企業の新陳代謝は避けられません。

注　有望なベンチャービジネスに対して、株式の取得などによって資金を提供する企業をいいます

景気循環を通じて、経済が成長

　景気循環を通じて、経済全体の規模が縮小する過程では、企業の新陳代謝は避けられません。

　生産性の低い企業が市場から退出することで、その後には、結果的に市場全体の生産性が高まる傾向があります。

　図48のように経済活動は、長期的にゆるやかな上昇トレンドの中で、上下変動を繰り返しています。

　不況から景気の谷を脱すると、生産性の向上を背景に、回復→好況を経て次の景気の山は切り上がる傾向があります。

　長期的な趨勢として、企業の技術水準は着実に進歩し、企業価値拡大の源泉となる生産性が向上します。

　例えば、教育で人的資産が増加すると、費やした労力に比べて、

図 48　景気循環を通じて経済が成長するイメージ図

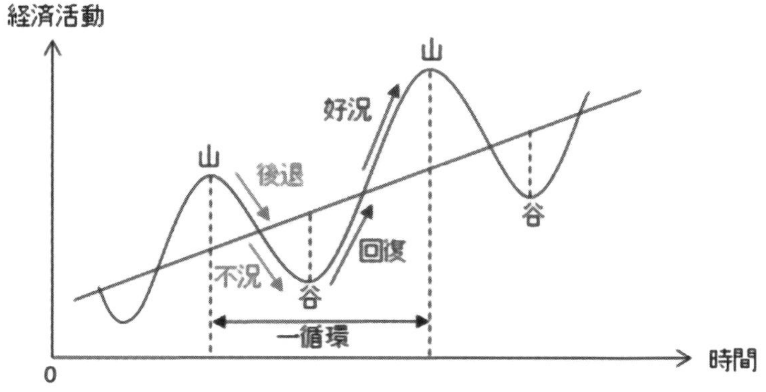

（出典）フリー百科事典『ウィキペディア Wikipedia)』「景気循環」(https://ja.wikipedia.org/wiki/ 景気循環）より引用

より順調に生産がはかどるようになります。人的資産が世代ごとに向上し、長期的に技術進歩が続きます。

　企業の従業員の持つスキルが高まると技術進歩も早くなり、導入された新技術への適応も早くなることで生産性が高まります。企業の成長の源泉は、設備の性能が上がったり、仕事のやり方が改善したりするなどして、生産性が上がる技術進歩と考えられます。景気後退期に選別されたスタートアップ企業の中から、次代をけん引するハイテク企業が、生まれるきっかけになる可能性があります。

　例えば、企業が営業努力によりシェアを伸ばしたとします。企業の提供する製品やサービスの付加価値が変わらなければ、他の企業の売り上げを減らすだけです。これでは日本全体の経済成長にはつながりません。

　新しい生産設備や、機械が開発されると、企業はそれに基づいて設備投資を強化します。研究開発された設備を用いて、従来のものを上回る高品質の製品やサービスを提供します。既存のものより高付加価値の製品やサービスの出現により、旧製品や旧技術は市場から退出を余儀なくされます。

　技術進歩により経済全体の生産性が向上し、経済成長が続きます。

　ITバブルが崩壊した当時、まだ新鋭企業だった米国グーグル社は、解雇されたエンジニアを採用し、成長の足がかりをつかみました。米国のテック産業では、過去にも人員削減の動きが新旧の企業間の

競争を促し、成長をけん引してきました。人材の循環が、次のイノベーションを広げました。

　景気の谷を脱した景気回復の段階には、新しい生産性の高い企業が、事業に参入することを通じて経済が成長します。

　経済成長とは、国全体の実質国内総生産（GDP）が持続的に増えることです。

　図49のように、技術革新の伸展、市場全体の生産性の向上を背景に、経済の成長力が高まると考えられます。

　景気循環に現れる好不況のサイクルが繰り返される中で、長期的に右肩上がりに経済が成長しています。

図49　技術革新の伸展、市場全体の生産性の向上を背景に
経済が成長するイメージ図

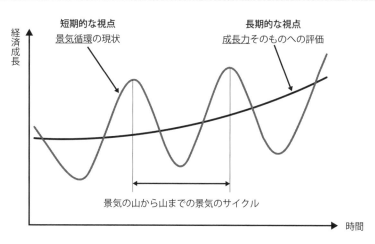

（出典）　佐々木宏夫、片岡孝夫、高瀬浩一、谷内祥訓、岩崎繁、岩村夏樹『商業 316　ビジネス経済』（実教出版 2014 年 01 月 25 日発行）（https://www.jikkyo.co.jp/book/detail/14000034）を参考に著者が作成

「経済にはサイクルがあり、悪い時もある。だが、長い目で見れば世界は良い方向に向かっている。技術革新があるからであり、ジョンソン・エンド・ジョンソンも、25年先を見据え研究開発に、最高水準の投資をしている」（J＆Jホアキン・デュアトCEO『日本経済新聞』2022/6/30）

　しっかりとしたキャッシュフローを生み出す実績のある優良企業でも、不景気の局面では株価は売り込まれる場合があります。優良企業の株価が不景気の局面で売り込まれるのならば、優良企業の株式を割安な価格で購入できるチャンスではないでしょうか。景気循環の不況局面の株式市場では、収益性が高く、景気変動に左右されにくい銘柄でも、下落する傾向があります。定額購入法で、長期投資をする投資家にとって重要なのは、景気循環に現れる好景気・不景気の影響ではなく、企業成長の効果です。資産形成のエンジンと期待する、成長期待のある企業の株価が下落する調整局面では、定額購入法で積み立て投資を継続すべきです。

経済が成長することが重要

　ディープラーニングの普及によって、人工知能に関する技術が近年、爆発的に進歩しています。

　新しい情報技術は、人間の生活形態を根本的に変える可能性があります。技術はそれまで確実とされてきたものを破壊し、新しい機会を

生みだします。旧来の社会習慣を破壊して、新たなビジネスを発展させることにつながります。物質的な成長とは、不連続線上にある非物質的な成長を中心とする世界へ姿を変えながら経済は成長します。

『（前略）経済成長が資源制約や環境制約によって限界に直面する中で、現代社会の目標は、物的な経済成長以外のものに変わるべきではないか。地球環境や人間世界の持続性を考えるとき、地球上の資源やエネルギーは有限なのだから、生産量やエネルギー消費が永久に成長を続けることは不可能だ。

（中略）資源や環境の制約があるので、物質的な生産物の増加という意味での経済成長は永続できない。人工知能や情報技術による「知の進歩」が、物質的な経済成長に代わる新しい社会理念となるのかもしれない。

（中略）人工知能によって増強された「知の成長」の可能性は無限に広がるが、それは物的な生産物の増加による経済成長と違って、資源制約や環境制約にしばられない。

「知の成長」とは非物質的な価値の創造による新しい経済成長ともいえる。「知の成長」は、資源や環境の持続性と両立する非物質的な経済成長をもたらすだろう（後略）』（小林　慶一郎［慶應義塾大学／経済産業研究所］『経済成長はなぜ必要か〜マクロ経済と少子高齢化』）「5.おわりに—経済成長と人工知能」2019年10月p.20-22を一部引用　https://www.rieti.go.jp/jp/publications/

pdp/19p017.pdf)

　少子化・高齢化という構造変化で、経済成長率の低下が避けられず、経済の長期停滞が懸念されています。人口減と経済成長の停滞にどう立ち向かうのかを考えます。

　人口減社会で、経済成長を続けるには、技術革新のエネルギーである働く人の能力を高める必要があります。人口が減っても人材投資の水準が十分であれば、持続的な技術革新を通じた経済成長が可能です。人材への投資で生産性の向上や技術革新をうながすことにより、停滞を打破し成長を生み出します。

　知の成長と、それがもたらす非物質的な経済成長は、社会の共通理念となりつつあります。

　ディープラーニングの普及に代表される非物質的成長は、物質的な経済成長に代わる目標となります。

景気循環の平均期間

「IMF（国際通貨基金 2002年）によると、先進21カ国の平均をみると、図50のように景気循環の平均期間は6年で、拡張期が5年、後退期が1年である。

　日本の景気循環は、一循環の長さが短く、かつ、景気循環に占める後退期の割合が34％程度と、他の先進国の平均が17％程度であることと比べると、日本の後退期の割合は相対的に大きいという特徴がある。

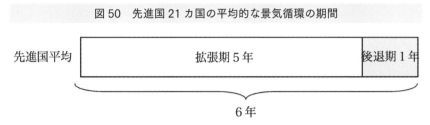

図 50　先進国 21 カ国の平均的な景気循環の期間

（出典）　平成 16 年 12 月内閣府「景気循環の特徴とその変化　景気循環の長さ第 2-1-2 図　日本と先進国の平均的景気循環を
　　　　比較」（https://www5.cao.go.jp/keizai3/2004/1219nk/04-2-1-02z.html）を一部引用

　90年代以降には、世界的に、景気拡大期間は長く、後退期の落ち
込みは浅くなる傾向がある。

　先進21カ国の平均的な景気循環の期間は、70年代の４年程度か
ら90年代には６年程度まで長くなった。

　金融政策等マクロ経済運営の方法が、より緻密になってきている
ことや、製造業と比べて景気変動の少ないサービス産業の割合が、
高まっていることなどによるものと考えられます」（平成16年12
月内閣府「景気循環の特徴とその変化　景気循環の長さ」https://
www5.cao.go.jp/keizai3/2004/1219nk/04-00201.htmlを一部
引用）

　アメリカを例にとれば、1949年以降、米国経済は景気後退期を
11回経験し、その局面では株価も下落しました。

　景気後退期の長さは、その時の状況によって異なりますが、この
11回の景気後退の期間を平均すると、約11カ月と、１年にも満た
ない計算になります。

米国の景気後退期間が１年を超えたのは、２回の石油ショックの不況時とサブプライム危機・リーマン・ショックの不況期の３回です。第二次世界大戦後、11回の景気後退期間の中で、８回は１年未満にとどまります。

　世界に大きな影響を与えた２回のオイルショックでも、アメリカにおける後退期間は16カ月です。

　景気後退期間が一番長かったサブプライム危機・リーマン・ショックの場合でも後退期間は18カ月でした。

　過去の多くの場合、平均約11カ月しかない景気後退の期間中で、株価は底値をつけて上昇に転じました。

　図51で、Ｓ＆Ｐ500株価指数の1998年１月末から、2023年１月末までの株価指数の変化の動向をみてまいります。

　図51は、景気後退を示す網掛けの部分が２つある中に、●印で表した株価指数の底値が２つあることを確認していただくグラフです。

　Ｓ＆Ｐ500指数の2002年７月の安値は、ＩＴバブル崩壊後の底値です。

　2009年3月の安値は、サブプライム危機・リーマン・ショック後の底値です。

　Ｓ＆Ｐ500株価指数の1949年以来、2022年までの株価指数の変化の動向をみますと、戦後11回の景気後退期がある中で、株価指数の底値が景気後退期の中に11カ所あることが確認できます。

　アメリカの金融政策をみますと、2020年３月から続けてきたゼ

図 51　米国株式は景気後退期間に底打ちから回復へ

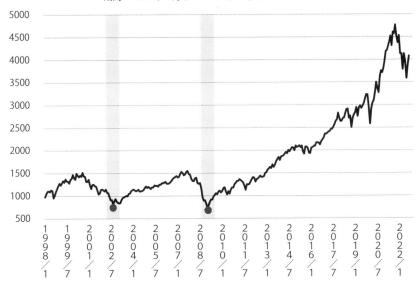

米国の景気後退と株価（S&P500 指数）の関係
期間：1998 年 1 月末〜 2023 年 1 月末（ドルベース）

注1　グレーの網掛けの部分は、景気後退期を表しています
注2　グレーの網掛けの部分にある●印は、株価底値のタイミングを表しています

（出典）　Yahoo finance USA「S&P500 HistoricalData」(https://finance.yahoo.com/quote/%5EGSPC/history) を加工して作成

ロ金利政策を2022年3月に解除しました。

　政策金利の誘導目標を引き上げ、金融緩和政策を金融引き締めに転換しました。

　政策金利が、経済の実力に見合った中立金利の上限と予想する3％を上回るのは、リーマン危機前の2008年1月以来で約14年ぶりとなります。

グローバル化の伸展で、国境を越えたサプライチェーンが築かれ、最適地生産が進んでいるように見えました。

　ロシアによるウクライナへの軍事侵攻以来、グローバル化の逆回転が、はっきりと浮かび上がり、経済のブロック化が進んでいます。

　世界は、異なる価値観が異なる合理性判断を形成するという事実に、深い潮目の変化に直面しているように見えます。

　米中の対立が後戻りできない地点を越えて、経済の安全保障が最優先されるようになりました。グローバル化の波で世界に展開していたサプライチェーンは、猛烈な勢いで巻き戻されています。サプライチェーンが分断されれば、世界的に物価は上がり続け、物価上昇が一時的なものにとどまらないリスクが高まっています。中国がもたらす地政学リスクを考えて、脱中国を目指せばコストが上昇するのは目にみえています。

　世界の分断で供給不足が成長を制約し、インフレは容易に収まりません。

　2023年、利息や配当を生まない金の国際価格が高騰しています。金価格の高騰の底流には、インフレの高まりと世界経済の分断の深まりがあります。

　世界の分断が、新たな供給網の構築を迫っています。

　日本にとっても異なる価値観の権威主義体制に対して、簡単には崩れない供給網を構築するための投資が必要です。

　2023年7月、米連邦準備理事会が開いた米連邦公開市場委員会
で、政策金利の誘導目標を5.25〜5.5％としました。

　政策金利の誘導目標は、2001年のITバブル崩壊前の最高水準で
ある5.25〜5.5％に22年ぶりに並びました。

　2023年6月米連邦公開市場委員会メンバーが適切と考える政策金
利水準の分布図では、年末の政策金利の誘導目標の予想の中央値を
5.625％としています。政策金利の引き上げ局面は終盤を迎えてい
ますが、利上げの効果は時間差で実体経済に現れることが予想され
ます。

　米国債など保有資産を圧縮する量的金融引き締めは維持しています。

　金融政策は長く、はっきりしない期間をへて、はじめて経済に影
響をおよぼします。米国金融引き締めがもたらす景気の後退は、12
〜18カ月後に最悪期を迎える傾向にあります。米連邦準備理事会
（FRB）は、2022年6月から11月にかけて4回の大幅な利上げを続
けました。その影響は、2023年11月から2024年5月にかけて現れ
ることが予想されます。

　米国経済は2024年前半にかけて景気後退局面を迎え、2025年前
半にかけて景気の谷が出現すると予測しています。

ハイテク株の調整局面

　成長期待の高いハイテク株は、景気後退に伴う業績悪化懸念から、

金利上昇局面では、株価が大きく調整することが予想されます。

金利高は、将来想定される利益を現在の価値に換算する割引率[注1]を押し上げます。

金融引き締め政策の影響で、市場金利が上昇すると、割引率を基に計算する理論株価が低下します。理論株価は、将来にわたって生み出される利益を、一定の割引率を使って現在の価値に換算した価額です。特に高い利益成長率を、株価に織り込んでいたハイテク株に逆風になります。

成長期待の高い企業では、企業の稼ぎ出す現金収支[注2]の予想が将来になるほど大きくなると見積もられています。

成長期待の高い企業は、成長が促進することにより、将来へ向けて稼ぎ出す現金収支が、より大きくなると評価されているからです。

株価は、将来における現金収支の現在価値[注3]の総和なので、成長期待が高ければ高いほど、将来の現金収支の増加予想に影響されます。

金利が低いと、将来の業績成長が企業価値に、金利が高い時に比べ大きく反映されるため、成長性の高い企業にマネーは集中します。

注1　将来に向けて獲得できると予想される収益や現金などの価値を、現在の価値に換算して割り引く際に使う係数の値です。現在の現金や収益を将来の価値で計算する際には、金利は利率と呼ばれ、収益率は利回りと呼ばれますが、将来の収益や現金を現在の価値に換算する際には割引率と呼ばれます

注2　主に企業の営業活動や財務活動によって実際に得られた収入から、投資活動などによる外部への支出を差し引いて手元に残る資金の流れのことを指します

注3　将来受け取れると見込まれる現金収支（キャッシュフロー）が、今現在はいくらの価値を持つかを表します

　ところが、金利が上昇すると、企業が稼ぎ出す現金収支を現在価値に割り引く割引率も上昇します。

　上昇した割引率で、割り引かれることになれば、割引率が低い時期と比べ、現在価値はより小さくなります。

　特に、政策金利がゼロから引き上げられる局面では、悪影響は大きくなりがちです。

　そのため金利が上昇する局面では、成長期待の高いハイテク株が、真っ先に調整する傾向があります。成長を優先してきた株式市場の潮目が、大きく変化することになります。資産形成のための長期積み立て投資では、景気循環による株式市場の調整局面を、好機と捉える意識が必要です。

　成長期待の高い銘柄群の株価が、景気循環の影響を受けて調整する局面があります。そのような局面こそ定額購入法で積み立て投資を継続するメリットが大きいといえます。

⑦ 定年後には資産配分を見直す

　50代までは、定額購入法で株式等のリスク資産を中心とした分散投資で、資産形成を継続することが基本と考えます。

　定年など自らを取り巻く事情に、変化があった場合には、ポートフォリオの資産配分の比率を見直す必要が生じます。

定年年齢に達したという区切りは、サラリーマンにとって epoch-making な出来事です。

　再雇用とは、定年になって退職扱いとなり、再び雇用される制度です。給与や待遇、仕事内容、雇用形態までいったんリセットされます。

　年収の水準は50代の6〜7割程度へ下がり、正社員から有期雇用の契約社員、嘱託社員へと待遇が変わります。

　再雇用制度で70歳まで働くことができたとしても、収入を生み出す人的資産の価値は低下します。

　定年後の資産運用は、リスク許容度注の低い退職金を含めた運用に変化します。

　定年後の年齢に達したことにより、これまでの投資方針を見直すことが必要となるのではないでしょうか。

リアロケーション

　これまでの投資方針を見直し、資産配分比率を変更することを、リアロケーションと呼んでいます。

　定年後は、リスク資産中心から、安全資産を含めた資産配分にシフトすべき時期に入ったと考えるべきです。

　大きなリスクを取るべきではない退職金を含めた運用では、株式

注　投資家にとって許容できる損失の範囲のことで、資産運用に伴い発生する損失をどれくらいまでなら、投資の損失として受け入れられるかを示します

等への資産配分比率に上限を設定してリスクの軽減を図ります。株式市場が下落すれば、株式等のリスク資産への配分比率が高い場合は、大きな影響を受けざるを得ません。

　年齢が高くなるにつれ、運用可能な期間が短くなりますので、損失を挽回するための時間的な余地が足らなくなる場合もあります。将来の金利上昇のリスクに備えて、個人向け国債等の安全資産にも分散投資すれば、株式市場の下落の影響を抑えることができます。

　ポートフォリオの配分比率を決める目的は、年齢等から導き出した、最適なリスク許容度の基で目標とするリターンを得るためです。

　最適な資産配分比率を判断する上で、最も重要な要素は年齢と考えられるのではないでしょうか。働くことができる期間が短くなるにつれて、働くことによって収入を得ることができる人的資産の割合が小さくなったといえます。

　定年後は、年齢を重ねるに従い、株式等のリスク資産への資産配分比率を低下させて、安全資産への配分比率を高めることを検討すべきです。

リスク資産の比率は「100－年齢」を目安に

　定年後のリスク資産と安全資産の配分比率は、どの程度を目安とすべきなのでしょうか。株式等のリスク資産への配分比率は「100－年齢」を目安とする判断基準があります。

図52　定年後の資産配分比率の目安

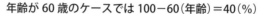

年齢が60歳のケースでは100－60（年齢）＝40（％）

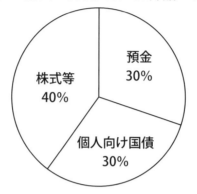

（出典）著者作成

　年齢により、株式等のリスク資産への配分比率は異なってまいりますので「100－年齢」で求めた比率を目安としたらいかがでしょうか。

　一般的に年齢を重ねるに従って、リスクを許容しづらくなります。資産運用においては年齢が上がるほど、株式等のリスク資産への投資比率を減らしていくという考え方には合理性があります。60歳到達時には、年齢を基準に株式等のリスク資産への配分比率を見直すことが考えられます。

　図52のように、定年後の資産配分比率の目安として60歳のケースでは100－60（年齢）＝40％が考えられます。

60代以降のリアロケーションのタイミング

　日本企業は、利益の大半を海外事業から稼いでいますので、企業

図 53　第２次世界大戦後におけるアメリカの景気循環のサイクルと平均月数

(単位：月数)

景気循環	景気の谷		景気の山		拡張期間月数	後退期間月数	景気の山から山の月数	景気の谷から谷の月数
	年	月	年	月				
1	1945	10	1948	11	37			
2	1949	10	1953	7	45	11	56	48
3	1954	5	1957	8	39	10	49	55
4	1958	4	1960	4	24	8	32	47
5	1961	2	1969	12	106	10	116	34
6	1970	11	1973	11	36	11	47	117
7	1975	3	1980	1	58	16	74	52
8	1980	7	1981	7	12	6	18	64
9	1982	11	1990	7	92	16	108	28
10	1991	3	2001	3	120	8	128	100
11	2001	11	2007	12	73	8	81	128
12	2009	6				18		91
1945 年～2009 年の 11 サイクルの平均期間					58.4	11.1	70.9	69.5

(出典)　国立経済調査局「米国の景気循環の拡大と縮小」(https://www.nber.org/cycles/cyclesmain.html)を基に著者が作成

　の収益動向は、米国を中心とする海外の景気循環に連動しています。日本の景気サイクルの景気後退局面は、ほとんどがアメリカの景気循環など、海外からのショックをきっかけとして生じています。

　図53のように、アメリカの景気循環のサイクルは、1945年以降の平均期間は約６年弱です。

　アメリカの景気循環のサイクルで最も長いのは、ITバブル崩壊後の後退期８カ月と拡張期120カ月の合計で10年ちょっとになっています。

アメリカの景気循環のサイクルでみますと、少なくとも10年程度に１度は景気の山が出現しています。

　10年程度を目処に分散投資すれば、高値づかみに終わることを避け、相場変動の影響を平準化できる可能性があります。

　景気循環のサイクルに合わせて、10年程度を目処に、リアロケーションを実施することが考えられます。

（参照）10 年サイクルの株式配分比率の見直し

100 － 70 （年齢） = 30%
100 － 80 （年齢） = 20%
100 － 90 （年齢） = 10%
100 － 100 （年齢） = 0%

　景気循環の中で主循環とよばれるものは、設備投資の過剰な部分を調整する働き、また足りない部分を補強する働きが引き起こします。経済活動の拡張と収縮の循環という考え方です。企業の設備は耐久年数が10年程度であるため、新しい設備を購入する需要とそれによる景気は約10年で循環するというものです。

　企業の設備や機材の寿命が、約10年周期であることから、それに合わせた設備やメンテナンスに関連する企業への資金の動きが発生します。それによる労働も増え、関連需要が増えることから、景気に大きく影響を与えると考えられています。

　景気循環の主循環とよばれる周期からすると10年程度を経て景気の山と景気の谷が出現すると考えられています。

　景気循環の好況局面・景気の山に重ね合わせて、10年程度ごとに、リアロケーションすることが考えられます。

　60歳以降はアメリカの景気循環も考慮し、約10年ごとに株式等の配分比率を、10％ずつ見直してはいかがでしょうか。

　このほかに、リスク許容度を踏まえ、ライフプランニングする上で検討すべき要素を含めて、調整しなければならないこともあります。リスク資産と安全資産との配分比率を決定するためには、自らを取り巻く就労事情、投資可能期間、保有資産等を加えて検討します。

リバランス

　株式市場が、値上がり・値下がりを繰り返すことで、最適なポートフォリオのバランスは崩れます。

　値上がりした資産を売り、値下がりをした資産を買い増すことで、最適な資産配分比率に修正します。

　長期の資産運用で着実な成果を出すためには、資産の配分比率を調整するリバランスが重要です。価額が上がった資産を売り、下がった資産を買うのは、投資対象を安く買って、高く売ることにつながります。

　長期的に繰り返せば、運用成績が安定します。

　資産配分を自ら決めた割合で維持することで、自らが想定する範

囲の安定した運用成果になります。リバランスは、相場変動などで変化したポートフォリオの投資配分比率を調整し、当初の最適な資産配分比率に修正することです。

リバランスするのは、景気循環では、好況・後退・不況・回復という４つの局面が順番に繰り返し現れると考えられるからです。この点では、「景気循環の波を乗り越え、投資を継続する」153頁〜173頁を参照して下さい。

154頁図46の好況→後退→不況→回復の４つの景気変遷過程で、株式市場は上昇・下落の値動きを繰り返すと考えます。

景気循環の好況局面から景気の山へと向かう局面では、株式等のリスク資産などの価額は上昇すると考えられます。

株式市場の上昇につれて、ポートフォリオの株式等のリスク資産比率は上昇します。

相対的に割合が大きくなった株式等の資産の一部を売却し、他の資産を買って比率を元に戻します。株式等の上昇により配分比率に差異が生じた際には、景気の好況局面が継続していたとしても、ルールに従いリバランスします。

リバランスは、価値が上昇した資産の利益を実質的に確定し、資産全体の価値の変動を抑える効果があります。

景気循環のサイクルからは、好況→景気の山を経て、後退→不況→景気の谷へ向かうことが考えられます。景気循環の後退→不況→

図54　景気後退局面の経済成長率

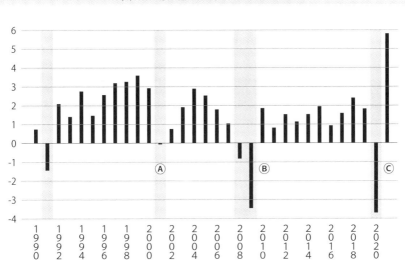

（出典）　World Bank Open Data「アメリカ合衆国の国内総生産(実質GDP)成長率(年率)」
　　　　　（https://databank.worldbank.org/reports.aspx?source=2&series=NY.GDP.MKTP.KD.ZG&country=USA）を加工して作成

　景気の谷へ向かう変遷に備えて、株式配分比率を引き下げることで
株式市場の下落の影響を緩和できます。

　リバランスを行い株式等の配分比率を元の水準に低下させても、
株式下落の影響を避けることはできません。

　景気はどの程度落ち込むものなのかは、過去の景気後退局面では、
落ち込みの程度はそれぞれバラバラです。

　図54の米国の事例で、1990年～2021年の実質GDP成長率注を

注　実質GDP成長率は、国内で生産されたモノやサービスの付加価値を表す国内総生産の前年から
　　の物価の変動による影響を取り除いたものです

みますと、景気後退局面において経済成長率の落ち込みの深さはマチマチです。

　図54の網掛けの部分、Ⓐ2001年のITバブル崩壊、Ⓑ2007年から2009年のリーマン・ショック、Ⓒ2020年のコロナ・ショックの景気後退局面をみます。

　3つの景気後退局面では、それぞれ実質GDP成長率の落ち込みの程度は大きく違っています。

　そこで、株式市場が下落したことで、株式等の配分比率が一定割合以上低下した場合は、リバランスして配分比率を元に戻します。景気の谷を脱して、景気の回復→好況→景気の山へ向かう過程で、株式市場の上昇が期待できます。

　リバランスを行うことで、景気循環を考慮しながら、自らのリスク許容度に沿った運用が可能となります。

　161頁図48の景気循環に現れる好不況のサイクルが繰り返される中で長期的に右肩上がりに経済が成長しています。

　長期投資の際にルールに従ってリバランスすることは、最適化されたリスク許容度で、運用するための必要なメンテナンスです。

　株式市場が上昇し、リバランスのルールに従って、株式を売却して、新NISAの非課税保有限度額に空きが出た場合を想定します。

　新NISAでは、非課税保有限度額の管理は、投資元本ベースで計算します。途中で売却した場合は、買い付けた時の金額分の非課税

投資枠が復活します。非課税投資枠の空いた部分を再利用して、新規に投資できるので、リバランスもしやすくなりました。

リバランスのタイミング

　いつのタイミングで、どのようにリバランスするか、自らルールを決めて行わなければなりません。

　リバランスには、1つには、毎年1回など一定の期間ごとに行う方法があります。

　もう1つは、最初の状態から5％以上などの差異が生じたら行う方法の大きく2つのパターンがあります。

　資産配分の実際の運営については、許容乖離幅の設定によることが、一般的であると考えられます。実際の許容乖離幅は、±5％程度とすることが多いと思われます。

　資産配分比率に一定の差異が生じた場合にリバランスする方法では、資産配分比率の変化を確認する必要があります。

　最適なポートフォリオのバランスから乖離した際に、どのタイミングでリバランスを行うかを検討します。

「三割高下に向かえ」

「三割高下に向かえ」という、相場取引における相場格言があります。

（日本証券業協会「相場格言集」株式売買タイミング編　https://
www.jsda.or.jp/jikan/proverb/contents/proverb24.html）

つまり、「3割」というところは、上げるにしても下げるにして
も一つの転機になるという考え方です。

株式市場全体を反映する株価指数の動向などから、市場全体の動
きを把握することを兼ねていますがいかがでしょうか。

ある出発点から3割程度上がったところは売りへの転換点、3割
程度下がったところは買いへの転換点と目安をつけます。

176頁の図52の資産配分比率は、株式等への資産配分比率は「100
－60（年齢）」で40％となっています。

図52の定年後の資産配分比率から、株式等への資産配分比率
40％の部分が3割上昇したケースを想定します。

株式等の部分が3割増えたポートフォリオ全体の資産配分比率は、
図55のように株式等46％・個人向け国債27％・預金27％へと変化
します。

もう一方で、図52の定年後の資産配分比率で、株式等への資産配
分比率40％の部分が、3割下落した場合も想定します。

ポートフォリオ全体の資産配分比率は、図56のように株式等
32％・個人向け国債34％・預金34％へと変化します。

図 55　株式等の部分３割上昇後の
　　　　資産配分比率

図 56　株式等が３割下落後の
　　　　資産配分比率

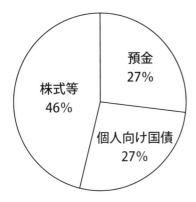

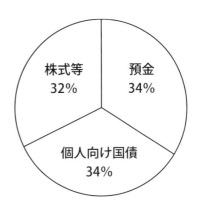

（出典）著者作成

　株式等の部分が３割上昇したケースの図55、および３割下落した
ケースの図56について考えます。事例の両方のケースで、最適なポー
トフォリオの資産配分比率から5％以上の差異が生じています。

　大きなリスクを取るべきではない退職金を含めた運用ですので、5％
以上の差異が出た場合にリバランスするルールにあてはめます。ルー
ル化されたリバランスの運用方針に従い、最適と判断したポートフォ
リオの資産配分比率へ戻します。176頁の図52のように年齢が60
歳の場合は、資産配分の比率を株式等40％、個人向け国債30％、
預金30％の比率へ戻します。

　定年後の資産運用では、退職金を含めた運用へ変化しますので、
株式等への資産配分比率に上限を設定してリスクの軽減を図ります。

自らが設定したリスク許容度からみて、最適と判断されたポートフォリオの資産配分比率を維持するためにリバランスを行います。

リバランスを行うことにより、高くなった資産の一部を売る、あるいは安くなった資産を買うことになります。結果的にポートフォリオの長期リターンを高めることになります。

世界の中で生きていることを意識する

163頁の図49に示しましたように、技術革新の伸展、市場全体の生産性の向上を背景に、経済が成長することが予想されます。

景気循環に現れる好不況のサイクルが繰り返される中で、長期的に右肩上がりにゆるやかに経済が成長しています。

1970年以降では、世界の実質GDP成長率の年率の平均値は3.4％程度です。図57の網掛けの部分は、世界の実質GDP成長率が2％を下回った時期を示しています。世界の実質成長率が2％を下回ったのは、5回の景気後退期のみとなっています。

2023年は、世界不況におちいった2009年と2020年についで、ここ30年間で3番目に低い成長率に並びます。

世界をおおっている金融引き締めに発した景気循環の中で、世界の中の日本に生きていることを意識せざるを得ません。

経済成長による長期的な成果を、最適と判断されたポートフォリ

図 57　1970 年以降の世界の実質 GDP 成長率の推移

（出典）　世界銀行データバンク GDP 成長率 Excel データを基に著者が作成
（https://data.worldbank.org/indicator/NY.GDP.MKTP.KD.ZG?locations=1W）

オに取り込みながら、運用を継続していただきたいと考えています。

　長期国際分散投資では、世界経済の成長に伴い資産を堅実に増や
せることを知り、新しい NISA 等を積極的に活用して下さい。

7章

ウェルビーイングへの道を目指します

① 日本人の幸福度は高齢期になっても上昇しない

アメリカとの対比にみる、日本人の年齢による幸福度の推移を（図58）からみてまいります。

日本人の幸福度に関する分析　●年齢と幸福度の関係

「②年齢については、年齢が高い人のほうが不幸であるが、これまでの諸外国における調査では、年齢と幸福度の間に、U字型の関係があるとの結果が出ているものが多い。

つまり、若者と高齢者は、熟年層よりも幸福だというのである。その理由としては、熟年層に入る頃には、自分の人生がある程度定まってくるので、人々は若い頃持っていた野心を実現することを、あきらめざるを得ないから幸福度が下がる。

その後の高齢期に入ってからは考え方を変え、後半の人生を楽しく充実させようと努力するから幸福度がまた高まるのではないかとの考察がなされている。

しかし、今回の推計ではU字型にはなっておらず、67歳を底にして79歳にかけて幸福度はほとんど高まらないL字に近い形状を取っており、アメリカの結果と比べてもわが国は特異といえる」（内閣府平成20年版国民生活白書「国民生活選好度調査」（2）日本人の幸福度に関する分析（3）分析結果に基づく考察　●年齢と幸福

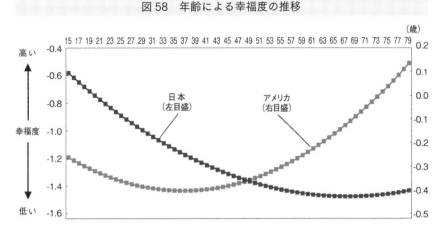

図58　年齢による幸福度の推移

注　「あなたは現在、自分のことをどの程度幸せだと思いますか」との問いに対する回答（「幸せで
　　ある」、「どちらかといえば幸せである」、「どちらかといえば不幸である」、「不幸である」の 4
　　段階で回答）と他の質問項目に対する回答との関係を、統計モデルを用いて分析した結果

（出典）平成20年版国民生活白書（2）日本人の幸福度に関する分析（3）分析結果に基づく考察●年齢と幸福度 第1-3-5図日
　　本人の幸福度は高齢になっても上昇しない p.61
　　（https://warp.da.ndl.go.jp/info:ndljp/pid/9990748/www5.cao.go.jp/seikatsu/whitepaper/h20/10_pdf/01_honpen/pdf/
　　08sh_0103_02.pdf）より引用

度 P61　　https://warp.da.ndl.go.jp/info:ndljp/pid/9990748/
www5.cao.go.jp/seikatsu/whitepaper/h20/10_pdf/01_
honpen/pdf/08sh_0103_02.pdf）

　日本人に関する分析結果では、日本人の幸福度は、高齢期になっ
ても上昇しません。

　中高齢期に入ってもU字型になっておらず、幸福度はほとんど高
まらないL字に近い形状を取っています。

「幸福度は属性や置かれている状況に影響を受ける」としながら、

日本人の「幸福度にマイナスの影響を及ぼす要因」では、

- 年齢が高いこと

- ストレス症状が高いこと

- 失業中であること

などが挙げられています。

　国民生活選好度調査では、年齢と幸福度に関する、諸外国における調査では、年齢と幸福度の間にＵ字型の関係があるとの結果が出ているものが多いといっています。

「日本人の幸福度に関する分析」の内容からみると、中年期以降の「年齢と幸福度」の関係に特徴があります。日本人は、年齢が高いほうが不幸だと感じています。日本で社会の中枢を占めるであろう、中高年における自殺率の高さ、幸福度の低さの問題については、たびたび指摘されてきました。

　中年期は、自分の人生がある程度固まってくるので、幸せを目指した、夢、成功、富といったものをあきらめざるを得なくなります。将来への展望を、直観的にも若い頃からの延長線上に描くことが難しくなります。サラリーマン生活のストレスから、それまでの暮らし方に行き詰まりを感じ、若い頃に感じていた幸福度は低下したと考えられます。

人と比較するところから、不幸は始まる

　アメリカのケース（図58）との対比でみると、将来への心の持ち

ようによっては、主観的な幸福度を高めることもできると考えられますがいかがでしょうか。

　世間の評価や評判を気にし、自らの価値観を人と摺り合わせたり、比較したりすることは無用なストレスを生む原因となります。自分の課題に集中することで、人を変えることではなく、自分が変わることで、自分を取り巻く世界を変えていくことができます。組織の生活の中で失われがちな、個人としての自分を取り戻すことが重要です。

　素の自分に戻って将来を考えていくことができれば、素の自分を表現する場として、未来を志向することができるのではないでしょうか。

② ウェルビーイングなライフスタイル

　ウェルビーイングとは、身体的・精神的・社会的に良い状態こそ真の幸福とするライフスタイルです。企業としては、何を幸福と感じるかは人それぞれ違うという立場で、個人のウェルビーイングに直接触れることはありませんでした。

　幸福度の高い人は、創造性や生産性が高まることがわかり、働く人の幸福を目指す有効性の科学的根拠が得られました。

　ソニア・リュボミアスキー教授[注1]によれば、主観的な幸福度の高

注1　米国カリフォルニア大学リバーサイド校心理学教授

い人は生産性が30％高く、創造性は３倍になります。

　企業価値の源泉は、働く人の能力や意欲に基づく人的資産と認識され、仕事に対する熱意や満足度という主観的な幸福度に焦点があたっています。

　アイデアを出し続け、イノベーションを生み出す過程は、働く人のやる気に依存する面が大きいといわざるを得ません。

　技能的に自立できると、組織の中で安定して維持されることで、満足してしまうことがあります。自分の脚で立つと共に、自分の意志のもとに方向づけして進んでいく必要があります。自分の意志で考え、自発的に取り組む経験を積み重ねて、自己決定を繰り返すことで人は自律していきます。

　自律とは、自分の意志を持って、自ら定めたルールに従って行動することです。仕事に限らず、自己決定や自律性を高めることは、主観的な幸福度を高める効果があります。

　自律的に仕事を行うことで、モチベーションが高まり、仕事のパフォーマンス向上も期待できます。自己決定や、自律性の程度が高いと主観的幸福度が高く、自律的であることは、仕事に限らず幸福感を高める効果を持っています。

　自らの力を最大限に引き出すためには、自らをやらされ感から解放して、自律することではないでしょうか。自律の基準には、精神的な自律と経済的な自律があり、２つの要素は密接にからんでいます。

　生涯にわたり精神的にも、経済的にも自律することによりウェルビーイングなライフスタイルを目指すことができます。

③ 持続可能なライフスタイルを構築します

「高齢化の進行と、今後確実に見込まれる人口の減少は、特に経済成長や社会保障制度を中心とする公的部門に与える影響との関連で、わが国経済社会の将来に対する大きな懸念材料となっている。少子・高齢化の進行は、経済成長による所得水準の向上や医療技術の進歩、人々の価値観の変化等に伴って各国共通にみられる現象であり、わが国に限られた問題ではない。しかし、わが国における少子・高齢化は、他の先進国と比べてそのスピードが非常に早く、従来の制度のままでは様々な問題が生じる」（内閣府HP 平成15年度 年次経済財政報告「第1節　高齢化・人口減少の意味」から一部引用 https://www5.cao.go.jp/j-j/wp/wp-je03/03-00301.html）

　人口減社会が、進展することへの覚悟を決め、今後、出現すると予想される、課題への対処を怠ることはできません。

　消費理論のライフサイクル仮説[注2]では、「現在保有する資産＋将来得られると想定される所得＝生涯での消費額」となるように個人

注2　F・モディリアーニ、R・ブルンバーグ、A・K・アンドーの3人の経済学者によって提唱された（Life Cycle Hypothesis）

の消費額が決まると考えます。

　生涯での消費額を、生涯で使えるお金と等しくなるように、毎年の消費量を決めるというものです。現在の所得だけでなく、将来の所得を考えて、消費計画を立てるという仮説です。

　現在のお金と将来の使えるお金を考慮して、生涯の消費行動を判断するので、現在の消費を減らして老後のための資金に回します。将来の暮らしのために今の消費を我慢することを意味します。退職後は所得が年金だけになるので、人的資産が豊富な時期から、ライフサイクルを意識して、消費を抑えて金融資産を形成する行動を説明できます。ライフサイクル仮説のポイントは、所得を稼ぐ現役時代と、所得が年金となり金融資産を取り崩す退職後を分けて分析する点です。現役時代の資産形成、退職後に資金を運用しながら取り崩す資産管理、さらに認知機能が低下した場合の備えをプランニングします。

　人生100年時代には、人的資産だけを頼りにするのでは、心もとないものがあります。かといって、リスクを高めて資産運用にすべてを託して、乗り切ろうとするのも、感心できません。人的資産と金融資産をトータルで捉え、両者の調和、均衡、統合をはかって資産形成することで、ゆとりある暮らしを目指すべきです。

　資産運用は、単なるお金儲けではありません、将来の暮らしに必要なお金を、準備するために行うものです。

　資産運用を学ぶことが、人生の必修科目となりました。

　人生100年時代に必要とされる金融資産を構築するために、資産運用の金融リテラシーを身につけることが必要不可欠です。金融リテラシーとは、金融に関する健全な意思決定を行い、金融面での個人の良い暮らしを達成するために、必要な金融に関する意識、知識のことです。リスク資産を活用した安定的な資産形成や、金融トラブルを避けるために、金融リテラシーは必須の生活スキルと考えられます。

　生涯にわたり、心豊かな、充実した生活を送るには、社会の変化から気づきを得て、将来への準備を怠らないことです。

　農業、サービス、ソーシャルワークなどあらゆる分野で人手不足が深刻化する中で、人口減社会に寄り添うことになります。

　人口減社会の未来の姿から逆算して、変化を恐れない覚悟を持ち、予想される社会で生きてゆくためのスキルを学びます。

　我々がおかれている社会の危機の客観的意味を知り、具体的に何をどのように準備すべきなのかを認識します。

　生涯に構築できる金融資産から判断して、ライフイベントの優先順位から取捨選択を行い、持続可能なライフスタイルを開発します。持続可能なライフスタイルの開発が、ウェルビーイングな将来への道を開くのではないでしょうか。

おわりに

　この本を書こうと思った動機は、元全日本サッカー代表監督イビ
ツァ・オシムの言葉に触れた時です。

「ライオンに追われたウサギが逃げ出すときに、肉離れをおこしま
すか？　準備が足らないのです」（木村元彦『オシムの言葉』集英
社文庫P32から引用）

　野ウサギは、ライオンであれ、どのような敵に襲われても逃げき
れるよう、常に素早く動く準備をしています。

　命がけで逃げなければいけない時に、ウサギが、足が痛いとか言
いますか。せまりくる危機的状況への準備が足りないと言っています。

　試合で自分の能力を最大限発揮するためには、日ごろから試合に
向けていかに準備をしているのかが問われています。

　怠りなく準備していたかどうかは、ここぞという大事な局面で、
明らかになるということです。私は、サッカーに興味を持っていた
わけではありませんでしたが、ある時妻からこの言葉を聞いて目か
ら鱗が落ちました。

　妻も、サッカー自体に興味があるわけではなかったのですが、元
全日本サッカー代表監督イビチャ・オシムという人物は、平和な日
本人とは一味違うぞと刮目したと言います。

　将来を見通して、しっかりとした事前準備が大切だということは、極めて当たり前のことです。

　これから我々を襲う局面に、平常心を持って対処できるまでしっかりと準備できているでしょうか。

　私は、日本証券業協会の金融・証券インストラクターとして金融・証券教育支援活動の講師を務めてきました。

　そうした経験から、中年期以降のライフサイクルに現れる危機に対する準備の重要性を知りました。

　人口減社会の危機を乗り越える準備について、私の知見をもとに書いてみましたがいかがでしたでしょうか。

　有益なヒントをもたらしつつこれまで支えてくれた妻・京子に感謝したいと思います。

　2023年7月

山木戸啓治

主要参考文献

大久保幸夫『日本型キャリアデザインの方法』日本経団連出版　2012 年

加藤康之『初心者のための資産運用入門』東洋経済新報社　2009 年

加藤康之『高齢化時代の資産運用手法』一灯舎　2015 年

C・G・ユング著 高橋義孝訳『無意識の心理』人文書院　1988 年

C・G・ユング著 鎌田輝夫訳「総特集ユング 人生の転換期」50 頁〜 52 頁（『現代思想』第七巻第五号青土社 1979 年 4 月）

河合隼雄『ユング心理学入門』培風館　1967 年

川口有一郎「人口と不動産投資」『証券アナリストジャーナル』2020 年 4 月号　日本アナリスト協会

木村元彦『オシムの言葉』集英社文庫　2008 年

金融庁ホームページ NISA 特設サイト「新しい NISA」新しい制度

金融庁「基礎から学べる金融ガイド」2022 年 1 月発行編集

厚生労働省 第 94 回社会保障審議会年金数理部会「令和 3 年度財政状況」厚生年金保険（第一号）受給権者平均年金月額（詳細版）「老齢基礎年金月額を加算した平均年金月額」

国土交通省「不動産価格指数（住宅）エクセル資料」

国立社会保障・人口問題研究所 日本の将来推計人口

小林 慶一郎（慶應義塾大学／経済産業研究所）『経済成長はなぜ必要か〜マクロ経済と少子高齢化』2019 年 10 月

熊 紫云「確定拠出年金では何に投資したらよいのか」ニッセイ基礎研究所基礎研レポート 2022 年 3 月 11 日

財務省 財務総合政策研究所「法人企業統計調査からみる日本企業の特徴」

総務省統計局 2019 年全国家計構造調査「家計収支に関する結果」2021 年 2 月 26 日

総務省統計局「男女別人口（各年 10 月 1 日現在) - 総人口、日本人人口（2000 年〜 2020 年)」

ソニア・リュボミアスキー著　金井真弓訳『人生を「幸せ」に変える 10 の科学的な方法』日本実業出版社　2014 年

内閣府『国民生活白書』「日本人の幸福度に関する分析」平成 20 年

内閣府 日本経済 1 節「景気循環の特徴とその変化」1 . 日本の景気循環の特徴（景気循環の長さ）2004 年 12 月 19 日

日本年金機構ホームページ

日本証券業協会「サクサクわかる！ 資産運用と証券投資スタートブック（2022年版）」、「確定拠出年金入門」2022年版

日本証券業協会ホームページ「相場格言集」株式売買タイミング編

ダニエル・レビンソン著 南博訳『ライフサイクルの心理学 上・下』講談社学術文庫　1992年

西澤隆『人口減少時代の資産形成』東洋経済新報社　2005年

投資信託協会「わかりやすい投資信託ガイド」 2022年版

柳川範之『日本成長戦略 40歳定年制』さくら舎　2013年

バートン・マルキール著 井出正介訳『ウォール街のランダム・ウォーク　株式投資の不滅の真理』日本経済新聞社 1993年6月4日

〈著者紹介〉

山木戸啓治（やまきど けいじ）

1950 年生まれ、東京都出身。

早稲田大学法学部を卒業後、野村證券株式会社に入社、藤沢支店長、富山支店長を歴任。

野村證券投資信託委託株式会社（現野村アセットマネジメント）で投資情報部長、商品開発部長を歴任。

野村證券投資情報部でシニア・ファイナンシャル・プランナーとしてライフプランセミナーの講師に 13 年従事。

2010 年定年、2015 年再雇用期間満了で退職。

退職後は独立して、ファイナンシャル・プランナーの活動をライフワークとして継続しています。

（保有資格）

公益財団法人日本証券アナリスト協会認定アナリスト

日本ファイナンシャル・プランナーズ協会 CFP

1 級ファイナンシャル・プランニング技能士

一般社団法人投資信託協会 セミナー派遣講師

独立行政法人日本学生支援機構認定スカラシップ・アドバイザー（平成 29 年 8 月～令和 7 年 9 月）

一般社団法人中高年齢者雇用福祉協会 上級生活設計コンサルタント・主任講師 PREP 経営研究所研究員

じん こう げん しゃ かい　　　　し さん うん よう
人口減社会の資産運用
だい し　　　　　　　　　　　　　　　　　　　いま　　　　　　　　　　　みらい　そな
40代が知っておくべき、今すぐできる未来の備え

2023年9月22日　第1刷発行

著　者　　山木戸啓治
発行人　　久保田貴幸

発行元　　株式会社 幻冬舎メディアコンサルティング
　　　　　　〒151-0051　東京都渋谷区千駄ヶ谷4-9-7
　　　　　　電話　03-5411-6440（編集）

発売元　　株式会社 幻冬舎
　　　　　　〒151-0051　東京都渋谷区千駄ヶ谷4-9-7
　　　　　　電話　03-5411-6222（営業）

印刷・製本　中央精版印刷株式会社
装　丁　　野口 萌